Roland Leonhardt

Der One-Page-Manager

Roland Leonhardt

Der One-Page-Manager

Kurze Texte – konzise Sprache – nie mehr als 1 Seite

orell füssli Verlag AG

© 2006 Orell Füssli Verlag AG, Zürich
www.ofv.ch
Alle Rechte vorbehalten

Umschlagabbildung: Masterfile (Hugh Burden)
Umschlaggestaltung: Andreas Zollinger, Zürich
Druck: fgb • freiburger graphische betriebe, Freiburg i. Brsg.
Printed in Germany

ISBN 3-280-05177-0
ISBN 978-3-280-05177-1

Bibliografische Information der Deutschen Bibliothek
Die Deutsche Bibliothek verzeichnet diese Publikation in der
Deutschen Nationalbibliografie; detaillierte bibliografische
Daten sind im Internet über http://dnb.ddb.de abrufbar.

| Inhalt

Vorwort 7

I. Geschäftsbriefe

Zur Einführung   9
Anfrage   11
Teilhaberschaft   14
Antwort auf eine Kundenanfrage   19
Schließung einer Tagungsstätte   22
Widerruf eines Angebotes   27
Ablehnung/Rücknahme eines Angebotes   31
Angebot-Absage   35
Angebotseinholung   39
Probekauf/Test   43
Antwort auf Beschwerde eines Kunden   47
Mängelrüge   51
Antwort des Kundendienstes   54
Kundeninformation   59
Veränderungen im Versand   62
Ausfall eines Seminars   66
Antrag auf Existenzgründungskredit   71

II. Personalbriefe

Zur Einführung   75
Glückwunsch zur Beförderung   77
Dank für Verbesserungsvorschlag   81
Verabschiedung in den Ruhestand   84
Anerkennungsbrief   91
Gratulation zum 50. Geburtstag   95
Stellengesuch   99
Abmahnung   103
Rücktritt   107

III: Berichte, Protokolle, Fachartikel

Zur Einführung **110**
Protokoll **112**
Jahresbericht **117**
Pressebericht **121**
Bericht **125**
Konzept einer Unternehmensberatung **129**

IV. Abkürzungsstrategien für eine erfolgreiche Kommunikation

Vergessen Sie nie, die One-Page-Brille aufzusetzen! **135**
Keine Wortakrobatik! **136**
Weiße Flecken vermeiden **147**
Brief mit Floskeln **152**

V. Zu guter Letzt **155**

Vorwort

Ärgern Sie sich manchmal auch über allzu lange Briefe, seitenlange Berichte und uferlose Pressemitteilungen? Hätten Sie es gerne kürzer, kompakter, übersichtlicher? Möchten Sie selber kürzer und prägnanter schreiben?

Wenn ja, dann sind Sie ein Kandidat für den One-Page-Manager. Ihr Ziel ist klar erkannt: Sie wollen nur noch eine Seite schreiben. Doch wie ist dieses Ziel zu erreichen?

Neigen wir nicht eher dazu, Themen und Stoffe ausführlicher zu behandeln, als ihnen eigentlich zusteht?! Scheuen wir uns im Grunde nicht eher vor Abkürzungen und Streichungen? Und auch der Hang zum Erklären und Belehren ist groß.

Sie merken, es ist nicht einfach, sich von bisherigen Schreibgewohnheiten zu trennen. Vieles ist antrainiert, manches unterliegt der Routine.

Wer zum One-Page-Manager aufsteigen will, der muss dies alles hinter sich lassen. Denn der One-Page-Manager hat nur eines im Sinn: eine Seite zu schreiben! Um dieses Ziel zu erreichen, ist es ratsam, sich einmal die tägliche Post vor Augen zu halten.

Auch wir haben dies getan und einige interessante und kürzenswerte Briefe vorgefunden. Mit drei Ausnahmen konnten wir alle Briefinhalte auf eine Seite zusammenkürzen. Diese Briefe dienen uns nun als Grundlage für die Übungen und Musterbriefe. Es sind darunter die unterschiedlichsten Themen, wie sie tagtäglich in der Geschäftspraxis vorkommen. Wir haben diese Briefe in die Bereiche «Geschäftsbriefe» und «Personalbriefe» unterteilt. Dort sind sie unter den jeweiligen Themen zu finden. Wie bei jedem Krimi gilt, dass Adressen, Namen und Firmennamen selbstverständlich frei erfunden sind.

Textstellen, die wir für streichungs- oder abkürzungswürdig hielten, sind grau und halbfett geschrieben und am Fußsteg der jeweiligen Seiten kommentiert.

Danach folgt die One-Page-Version. Gleiches gilt für das Kapitel «Berichte, Protokolle, Fachartikel ...». Die jeweilige Kopfzeile wird Ihnen helfen, sich schnell zu orientieren.

Wer sich einen anderen Stil, neue Kürzungsmethoden, Tricks und Kniffe aneignen will, der lese unser Kapitel «Abkürzungsstrategien für eine erfolgreiche Kommunikation» Darin finden Sie auch einige Übungsaufgaben, die den Umstieg erleichtern. Wer weiß, vielleicht hilft Ihnen ja auch unsere One-Page-Brille weiter.

Nur so viel sei verraten: Es ist eine virtuelle Brille, die es Ihnen ermöglicht, Texte neu zu sehen und zu bewerten. Last, not least ist es auch die Lust an kurzen und prägnanten Texten, die wir Ihnen vermitteln wollen.

Viel Spaß dabei!

Roland Leonhardt

| I. Geschäftsbriefe | **Zur Einführung**

Kommt Ihnen folgende Situation bekannt vor? Geschäftsbriefe stapeln sich auf Ihrem Schreibtisch. Da und dort liegen unbeantwortete Briefe, daneben Prospekte, Kataloge und Pressemitteilungen, und nicht zu vergessen jede Menge E-Mails im elektronischen Postfach. All dies will geöffnet und gelesen werden. Will? Nein, muss! Es könnte ja durchaus Dringendes und Wichtiges darunter sein.

Doch es bleibt wie immer nur die Ausrede: Heute keine Zeit! Andere Termine warten, und die Konkurrenz schläft ja schließlich auch nicht. Man muss eben präsent sein, immer und überall. Also weg vom Schreibtisch … Doch Moment mal, unterwegs ließen sich doch zwei, drei Briefe lesen … Dann ist es so weit, die Briefe werden geöffnet. Herausgeholt werden seitenlange Mitteilungen, Nachrichten und Informationen.

«Und das soll ich alles lesen …», ist meist der erste Gedanke. «Für diese wenigen Informationen hätte sich der Absender das Papier sparen können» dann der zweite. Ärgernis steigt auf, und der Brief landet schließlich im Papierkorb. Die Papierkorbfalle hat also wieder zugeschnappt!

Das ist aber der Alltag vieler Geschäftsleute und Manager. Auch wir, die wir dies ändern wollen, müssen uns stets fragen, ob weniger nicht mehr wäre. Das genau aber ist der Punkt. Egal, um welchen Inhalt es sich handelt, es geht auch kürzer.

Ganze Papierberge würden verschwinden, wenn es uns gelänge, kürzer zu schreiben und nur noch eine Seite zu verfassen.

In diesem Kapitel haben wir zu verschiedenen Themen (beispielhaft für viele andere …) Geschäftsbriefe ausgewählt, die kürzenswert sind. Wir haben den Versuch unternommen, diese Briefe in die One-Page-Version zu übertragen, denn schließlich sollen sie auch gelesen werden.

Sie finden also zu jedem Geschäftsbrief einen Kürzungskommentar und eine One-Page-Version. Übertragen Sie bitte die Musterbriefe auf Ihre eigene Korrespondenz und überprüfen Sie die Möglichkeiten einer solchen Fassung.

Vor allem, kapitulieren Sie nicht gleich, nur weil Sie sich für eine Seite Text entschlossen haben. Machen Sie ganz einfach den Versuch. Sie werden feststellen: Es funktioniert!

| I. Geschäftsbriefe | **Zur Einführung**

Kürzen ist leichter als gedacht, und schwierige Themen lassen sich auch kompakter und lesefreundlicher (weil kürzer) darstellen.

Mit ein paar Regeln, die wir Ihnen in dem Kapitel «Abkürzungsstrategien» vorstellen, gelingt Ihnen dieses Verfahren. Doch zunächst die Beispiele aus der Praxis.

| I. Geschäftsbriefe | **Anfrage**

Malcher & Tadler AG
Michael Schindler
Stettinerstraße 45
23456 Kiel

Michael Schindler
Telefon:
Fax:

Maschinenbauunternehmen
Hermann Schneider AG
Herr Direktor Wolfgang Ziegler
Saalbachstraße 17-21
43453 Essen

Kiel, den 15. Mai …

*Betr.: Anfrage nach Maschinen zur Herstellung von
Spezialwerkzeugen für den Schiffsbau*

Sehr geehrter Herr Ziegler,

A Sie leiten einen Maschinenbaukonzern, der viele unterschiedliche Maschinentypen herstellt und für seine Standards und Qualitätsnormen bekannt ist.

Auf der Maschinenbaumesse in Hannover konnte ich mit Herrn Ing. Walter Baumann ein ausführliches Gespräch führen. Er beantwortete zunächst meine Fragen sachkundig, bat mich jedoch, direkt mit Ihnen Kontakt aufzunehmen.

Wir sind ein Unternehmen, das seit 15 Jahren Spezialwerkzeuge für den Schiffsbau herstellt. Sie werden in vielen Werften der Welt zum Schiffsbau eingesetzt. Der Name unseres Unternehmens ist in der Fachwelt bekannt. Als zuverlässiger Partner, der hoch qualifizierte Werkzeuge und Apparaturen für den Schiffsbau liefert, exportieren wir rund um den Globus. So beliefern wir zum Beispiel Werften in Nord- und Südamerika, Russland, Australien und Südostasien.

A Lange Vorgeschichte! Firmenhistorie und Eigenwerbung. Lieber gleich zur Sache kommen!

I. Geschäftsbriefe | Anfrage

Nun hat uns die Anfrage einer Schiffsbaugesellschaft aus China erreicht, die von uns über 3500 Spezialwerkzeuge benötigt.

B **Die Anfrage richtete sich zunächst an uns. Wir sind jedoch überzeugt, dass ähnliche Anfragen auch an andere Mitbewerber ergangen sind, deshalb wollen wir möglichst schnell ein Angebot unterbreiten.**

Wie mir Herr Ing. Walter Baumann bereits sagte, können Sie aufgrund Ihrer Kapazitäten Maschinen für die Herstellung solcher Spezialwerkzeuge liefern. Dadurch sind Sie für uns der geeignete Maschinenbauhersteller.

Die Fertigungsunterlagen und Konstruktionspläne werden Ihnen von unserem Ingenieurbüro Haag & Walter zugesandt. Diese stehen Ihnen auch für weitere technische Fragen zur Verfügung.

Bitte beantworten Sie meine Anfrage bis zum 10. des folgenden Monats.

Selbstverständlich stehe ich Ihnen persönlich in Wort und Schrift zur Verfügung.

C **Falls es zur Vertragsverhandlung kommt, werde ich neben Herrn Ing. Walter Baumann auch die beiden Herren Dr. Frase und Jan Stillmann hinzuziehen.**

Mit freundlichen Grüßen

Michael Schindler

B Das ist doch klar! Natürlich werden die Angebote verglichen. Warum noch über Selbstverständlichkeiten schreiben?

C Wer am Verhandlungstisch sitzt und letztendlich über die Vergabe des Auftrages entscheidet, ist unerheblich. In diesem Falle geht es zunächst um eine Anfrage, die noch keine Verbindlichkeit hat.

I. Geschäftsbriefe | Anfrage

Malcher & Tadler AG
Stettinerstraße 45
23456 Kiel

Michael Schindler
Telefon:
Fax:

Maschinenbauunternehmen
Hermann Schneider AG
Saalbachstraße 17-21
Herr Direktor Wolfgang Ziegler
43453 Essen

Kiel, den 15. Mai …

Betr.: Anfrage zur Herstellung von Spezialwerkzeugmaschinen für den Schiffsbau

Sehr geehrter Herr Ziegler,

auf der Maschinenbaumesse in Hannover führte ich ein Gespräch mit Herrn Ing. Walter Baumann. Wir sprachen über die Herstellung von Maschinen zur Fertigung von Spezialwerkzeugen für den Schiffsbau. Es handelt sich dabei um die Produktion von ca. 3500 Stück Spezialwerkzeugen. Der Auftraggeber ist eine große Werft in China, die schon bald über die Spezialwerkzeuge verfügen will.

Wir benötigen daher Ihr Angebot bis spätestens zum 10. des folgenden Monats.

Die Fertigungsunterlagen und Konstruktionspläne lasse ich Ihnen vom Ingenieurbüro Haag & Walter zusenden. Dort kann man Ihnen auch weitere technische Auskünfte geben.

Für weitere Fragen stehe ich Ihnen und Herrn Ing. Baumann jederzeit zur Verfügung.

Mit freundlichen Grüßen

Michael Schindler

| I. Geschäftsbriefe | **Teilhaberschaft**

Kolb & Winkler AG
Rathausplatz
3001 Bern

Rainer Kolb
Telefon:
Fax:

Herrn
Dr. Lothar Schwalm
Fasanenallee 33
3001 Bern

Bern, den 17. Mai …

Betr. Beteiligung an einem wachstumsorientierten Unternehmen

Sehr geehrter Herr Dr. Schwalm,

wie wir von unserer Bank erfahren haben, mit der wir seit vielen Jahren enge Geschäftsbeziehungen pflegen, suchen Sie eine Beteiligung an einem wachstumsorientierten Unternehmen.

A Unser Unternehmen wurde vor 26 Jahren gegründet. **Zunächst war der Aufbau nicht leicht; es mussten neue Vertriebswege gefunden, Handelsnetze erschlossen und vielfältige Kontakte geknüpft werden. Nun ist es uns gelungen – nach sorgfältiger Planung und einer außergewöhnlichen Marketingstrategie –, uns auf dem Markt zu etablieren. Unser Unternehmen zählt heute zu den Führenden seiner Branche.**

B Wir wollen jedoch unsere Marktführerschaft in Mitteleuropa ausbauen. **In Osteuropa ist es uns neben Tschechien, Polen, Ungarn und Bulgarien gelungen, nun auch in Russland Vertriebsnetze zu errichten. Hier haben wir Pionierarbeit geleistet, denn eine solche Unter-**

A Über die Firmengeschichte kann sich Herr Dr. Schwalm in den beigefügten Prospekten informieren. Es reicht deshalb eine kurze Anmerkung aus.

B Die Länder müssen nicht gesondert aufgeführt werden; mit «Osteuropa» ist der Rahmen abgesteckt. Auch muss nicht unbedingt auf die Risiken in solchen Ländern hingewiesen werden, diese sind allgemein bekannt.

nehmung ist oft mit Risiken verbunden. **Inzwischen haben wir sichere Fundamente geschaffen und ein qualifiziertes Management aufgebaut.**

Der Markt in Russland verspricht auch in Zukunft hohe Wachstumspotenziale.

Eine solche Expansion erfordert eine gezielte Ausweitung der Managementkapazitäten. Daneben muss eine deutliche Anhebung des Kapitalstocks angestrebt werden, denn nur mit ausreichenden Mitteln lassen sich die anvisierten Ziele erreichen. Um weiterhin auf Erfolgskurs zu gehen, suchen wir investitionsfreudige Teilhaber.

Wir haben uns vorerst eine Beteiligung von ca. 15 % vorgestellt, was einem Kapitalvolumen von 250 000 Franken bis 1 Mio. Franken entspricht. In der Zukunft könnten wir uns auch eine weitere Übernahme von Anteilen vorstellen.

Damit Sie sich noch besser über unser Unternehmen informieren können, füge ich einen Firmenprospekt bei. Nicht enthalten sind darin unsere neuen Standorte in Osteuropa, die erst vor fünf Jahren entstanden sind. Dazu erscheint in den nächsten Wochen ein aktueller Geschäftsbericht, den wir Ihnen gerne zustellen.

Auch Herr Schönfeldt von unserer Hausbank kann Ihnen weitere Informationen zukommen lassen. Er berät uns in vielen Finanzangelegenheiten und kennt unser Unternehmen sehr gut.

Daneben stehe ich Ihnen gern für weitere Fragen persönlich zur Verfügung. **Lassen Sie uns deshalb über die Details sprechen und einen Besuchstermin in unserer Zentrale vereinbaren. Bei dieser Gele-**

C

C   Die nachfolgenden Hinweise klingen vielleicht zu aufdringlich und aufgesetzt. Zunächst sollte die Kontaktaufnahme von Herrn Dr. Schwalm abgewartet werden. Erst dann sollte die Einladung zu einem persönlichen Gespräch mit anschließender Betriebsbesichtigung erfolgen.

genheit können Sie das Betriebsgelände besichtigen und mit unseren Fachleuten Gespräche führen.

Gerne höre ich von Ihnen.

Mit freundlichen Grüßen

Rainer Kolb

| I. Geschäftsbriefe | **Teilhaberschaft**

Kolb & Winkler AG
Rainer Kolb
Rathausplatz 5
3001 Bern
Telefon:
Fax:

Herrn
Dr. Lothar Schwalm
Fasanenallee 33
3001 Bern

Bern, den 17. Mai …

Betr: Beteiligung an einem wachstumsorientierten Unternehmen

Sehr geehrter Herr Dr. Schwalm,

wie wir von unserer Bank erfahren haben, streben Sie eine Teilhaberschaft an einem wachstumsorientierten Unternehmen an. Vielleicht sind wir das richtige Unternehmen für Sie.

Ich habe Ihnen zur ersten Orientierung einen Firmenprospekt beigefügt, der Ihnen unsere Firmengeschichte aufzeigt. Über unsere Standorte in Osteuropa erhalten Sie in den nächsten Tagen einen aktuellen Geschäftsbericht.

Wir wollen unsere Aktivitäten in Osteuropa verstärken, denn der Markt dort bietet große Chancen. Dazu ist es erforderlich, den Kapitalstock anzuheben. Wir dachten zunächst an eine Beteiligung von ca. 15 % (250 000.– bis 1 Mio. sFr.). Für die Zukunft können wir uns aber auch eine höhere Beteiligung vorstellen.

Bitte lassen Sie uns ausführlich in einem persönlichen Gespräch darüber reden. Meine Sekretärin wird Ihnen gerne einen Termin vorschlagen.

Mit freundlichen Grüßen

Rainer Kolb

| I. Geschäftsbriefe | **Antwort auf eine Kundenanfrage**

HARRANT AG
Kronstättenstrasse 25
4001 Basel

Petra Roth
Telefon:
Fax:

Herrn
Roman Steiner
Graubündner Str. 17
3001 Bern

Basel, den 20. September …

Betr.: Ihre Anfrage nach unseren Geräten

Sehr geehrter Herr Steiner,

A Ihrem Schreiben entnehmen wir, dass Sie sich für unsere Geräte interessieren und besonders an unserer innovativen Technik Interesse haben.

Unsere Firma hat sich auf die Herstellung der Geräte «Maximum» spezialisiert und verkauft diese Produkte bereits auch in anderen Ländern.

B Die zahlreichen Zuschriften, die wir von zufriedenen Kunden erhalten, bestärken uns, auch weiterhin mit viel Energie, Kompetenz und Innovation an unseren Produkten zu arbeiten.

C Wir dürfen Ihnen deshalb heute unseren ausführlichen Prospekt mit weiteren Gerätschaften zusenden. Die Abbildungen und Beschreibungen dieser Modelle entsprechen bereits der neuen Gerätegeneration XXL, die seit einigen Monaten auf dem Markt ist. Zudem fügen wir eine entsprechende Preisliste bei, die Sie auch über

---

A Der Einstiegssatz ist zu lang und zu förmlich.

B Natürlich erwartet der Kunde eine stete Verbesserung der Produkte!

C Hier ist auch wieder der förmliche Ton unüberhörbar; außerdem sollte aus taktischen Gründen nicht vorschnell auf die Preisliste hingewiesen werden.

| I. Geschäftsbriefe | **Antwort auf eine Kundenanfrage**

Wartungs- und Serviceleistungen informiert und die anfallenden Gebühren genauestens aufschlüsselt.

Erwähnen möchten wir noch, dass die Preise Verpackungskosten, Auslieferung und Montage einschließen.

D Wir bemühen uns, die Lieferzeiten im Rahmen von 4–6 Wochen einzuhalten. Unsere Kunden, zu denen wir hoffentlich auch Sie bald zählen dürfen, erhalten über den Auslieferungstermin rechtzeitig eine Benachrichtigung. Was unsere Zahlungsbedingungen betrifft, so erwarten wir bei Auftragsbestätigung eine Anzahlung in Höhe von 20 % des Auftragswertes. Die Restsumme ist bis spätestens 14 Tage nach Erhalt der Gerätschaften fällig.

E Bitte geben Sie uns Gelegenheit, die Qualität unserer Geräte unter Beweis zu stellen.

F Unsere Garantieleistungen beinhalten in den ersten beiden Jahren die vollen Wartungs- und Serviceleistungen, danach bieten wir unseren Kunden günstige Tarife zu allen Wartungs- und Serviceleistungen an.

Wir werden Ihren Auftrag mit der größten Sorgfalt ausführen.

Gerne stehen wir Ihnen für weitere Informationen zur Verfügung.

Mit freundlichen Grüßen

Petra Roth

D Diese Information ist im Prospekt oder in der Preisliste enthalten.
E Selten kommt ein Kniefall gut an!
F Steht ebenfalls im Prospekt oder in der Preisliste. Außerdem eine Wiederholung von Abschnitt C.

| I. Geschäftsbriefe | **Antwort auf eine Kundenanfrage**

HARRANT AG
Kronstättenstrasse 25
4001 Basel

Petra Roth
Telefon:
Fax:

Herrn
Roman Steiner
Graubündner Str. 17
3001 Bern

Basel, den 20. September …

Betr.: Ihre Anfrage nach unseren Geräten

Sehr geehrter Herr Steiner,

Ihr Interesse an unseren Geräten freut uns.

Unsere innovative Technik lässt keine Wünsche offen. So können wir Ihnen heute eine neue Generation von Gerätschaften anbieten, die nicht nur bedienungsfreundlich, sondern auch zukunftsweisend ist.

Als Besonderheit bieten wir unseren Kunden – neben der kostenfreien Anlieferung und Montage – umfassende Garantieleistungen an.

Überzeugen Sie sich selbst von der hohen Qualität unserer Geräte!

Unter der Telefonnummer … beantworten wir Ihnen gerne weitere Fragen und freuen uns über Ihren Bestellauftrag.

Mit freundlichen Grüßen

Petra Roth

I. Geschäftsbriefe | Schließung einer Tagungsstätte

Rehaus Tagungsstätten AG
Feldgasse 7
6300 Zug

Telefon:
Fax:

Herrn
Werner Schneider
Am Riegelpfad 17
8201 Schaffhausen

Zug, den 6. Mai …

Sehr geehrter Herr Schneider,

zunächst herzlichen Dank für Ihren Brief.

A **Wir drücken Ihnen hiermit großes Verständnis für Ihre Argumente aus.** Sie haben uns noch einmal den Nutzen und die Vorzüge unserer Tagungsstätte vor Augen geführt und dabei die wichtigsten Punkte aufgelistet.

B **Auch unsere Investitionen in den vorangegangenen Jahren haben Sie dabei berücksichtigt und auf die guten Serviceleistungen hingewiesen. Dass wir ein besonderes Augenmerk auf unsere Stammgäste richteten, haben Sie lobend erwähnt. Ihre zahlreichen Seminare und Tagungen haben wir immer geschätzt. Es funktionierte alles bestens.**

Nun sind aber die Belegungszahlen in den letzten drei Jahren deutlich zurückgegangen. Auch mit unseren zahlreichen Werbekampagnen und Marketingstrategien konnten wir die Situation nicht deutlich verbessern.

C **Wir stehen nun vor der Entscheidung, unser Tagungs- und Kongresszentrum zu schließen oder an einen anderen Betreiber zu vermieten. Letzteres zeigt sich in der angespannten wirtschaftlichen Lage vieler Unternehmen als wenig Erfolg versprechend. Versuche dazu gab es.**

A Höflichkeitsfloskel!
B Weitschweifender Rückblick.
C Auf Fehlschläge muss man nicht unbedingt hinweisen.

| I. Geschäftsbriefe | **Schließung einer Tagungsstätte**

Darüber hinaus wurde ein unabhängiges Institut herangezogen, das eine zukunftsgerichtete Belegungsanalyse erstellte.

D **Denn in unseren Überlegungen hatten wir eine umfassende Konzeption mit der Ausrichtung auf die unterschiedlichsten Veranstaltungsformen im Sinn. Ergänzt wurde das Bild durch eine Bedarfsumfrage bei verschiedenen Unternehmen. Wir haben die regionalen und überregionalen Besonderheiten natürlich berücksichtigt und auch eine sorgfältige Konkurrenzanalyse ausarbeiten lassen.**

Dabei zeigte sich, dass die schwache Resonanz auf diese Umfrage übereinstimmte mit den ermittelten, seit Jahren rückläufigen Belegungszahlen.

E **Bei allen Überlegungen wurde stets davon ausgegangen, die Zukunft unseres Tagungs- und Kongresszentrums zu sichern. Verschiedene Neuerungskonzepte wurden ausführlich diskutiert sowie betriebswirtschaftlich durchgerechnet. Über die Möglichkeit, neue Zielgruppen zu gewinnen, wurde intensiv beraten.**

F **In allen Bemühungen, unserer Verantwortung gerecht zu werden, muss auch immer die Finanzierbarkeit gesehen werden. Da der Verlust in den kommenden Jahren selbst nach Investitionen in Millionenhöhe nicht spürbar zu senken gewesen wäre, haben wir uns zu diesem schmerzlichen Schritt entschlossen. Hinzu kommen noch die vielfältigen Versuche, Kooperationspartner für die unterschiedlichsten Veranstaltungsformen zu finden – auch dieser Versuch schlug fehl.**

Sie können sicher sein, dass es auch für uns ein schmerzlicher Prozess war, dies zu erkennen. Vor diesem Hintergrund hoffen wir auf Ihr

---

D Da die Entscheidung bereits gefallen ist, sind Anmerkungen überflüssig.
E Vergangenheitsbewältigung!
F Geht kürzer: Selbst Bauinvestitionen in Millionenhöhe würden die Verluste in den nächsten Jahren nicht ausgleichen können.

Verständnis für die Entscheidung. Über den weiteren Fortgang zur bevorstehenden Schließung werden wir alle beteiligten Geschäftspartner informieren.

In der Hoffnung, dass Ihnen die Auskünfte genügen, verbleibe ich mit freundlichen Grüßen

Dr. Günter Klein, Vorstand

I. Geschäftsbriefe | Schließung einer Tagungsstätte

Rehaus Tagungsstätten AG
Feldgasse 7
6300 Zug

Telefon:
Fax:

Herrn
Werner Schneider
Am Riegelpfad 17
8201 Schaffhausen

Zug, den 6. Mai …

Sehr geehrter Herr Schneider,

zunächst herzlichen Dank für Ihren Brief. Sie haben uns noch einmal die Vorzüge unserer Tagungsstätte vor Augen geführt und die wichtigsten Punkte aufgezeigt.

Nun sind aber die Belegungszahlen in den letzten drei Jahren deutlich zurückgegangen. Auch mit unseren zahlreichen Werbekampagnen und Marketingstrategien konnten wir die Situation nicht deutlich verbessern. Darüber hinaus wurde ein Institut herangezogen, das eine zukunftsorientierte Konkurrenz-, Bedarfs- und Marktanalyse erstellte. Dabei zeigte sich, dass die schwache Resonanz übereinstimmte mit den ermittelten, seit Jahren rückläufigen Belegungszahlen.

Selbst Bauinvestitionen in Millionenhöhe würden die kommenden Verluste nicht ausgleichen können.

Sie können sicher sein, dass es auch für uns ein schmerzlicher Prozess war, dies zu erkennen. Vor diesem Hintergrund hoffen wir, auch Ihr Verständnis zu finden. Über den weiteren Fortgang der bevorstehenden Schließung, werden wir alle beteiligten Geschäftspartner informieren.

Mit freundlichen Grüßen

Dr. Günter Klein, Vorstand

| I. Geschäftsbriefe | **Widerruf eines Angebotes**

Acra GmbH
Schöne Aussicht 36
40451 Düsseldorf

Gerd Riedel
Tel.:
Fax:

Herrn
Herbert Weismüller
Finkenstraße 18
35578 Wetzlar

Düsseldorf, 5. März …

Widerruf unseres Angebotes vom …

Sehr geehrter Herr Weismüller,

A leider müssen wir unser Angebot vom … widerrufen. Es ist dem Zwischenhändler nicht möglich, die Teile an uns auszuliefern, da er diese nicht mehr auf Lager hat. **Wir sind von diesem Umstand selber überrascht, denn bisher war unser Zwischenhändler ein zuverlässiger Partner. Eine jahrelange vertrauensvolle Zusammenarbeit zeichnet diese Partnerschaft aus.**

B Um Ihnen jedoch ein Ersatzangebot machen zu können, müssen wir uns nach einem anderen Zwischenhändler umsehen, was einige Tage dauern könnte. **Wir müssen Sie deshalb um Ihr Verständnis bitten. Selbstverständlich werden wir nach einem geeigneten Zwischenhändler suchen.**

C **Herr Schreiber, der bisher für Sie zuständig war, wird sich auch in diesem Falle ganz besonders für Sie einsetzen. Wie er mir sagte, habe er bereits einige Kontakte geknüpft. Es müsse allerdings noch**

A Es ist nicht nötig, die bisherige Zusammenarbeit mit dem Zwischenhändler zu kommentieren. Das hilft jetzt auch nicht weiter.

B … dennoch sollte ein Kniefall vermieden werden. Schließlich ist die Acra GmbH nicht der Schuldige.

C Zu ausführlich werden die Bemühungen von Herrn Schreiber geschildert. Etwa zur Beruhigung von Weismüller? Was zählt, sind Resultate.

I. Geschäftsbriefe | Widerruf eines Angebotes

ausgelotet werden, ob die Teile auch überstellt werden können. Dies wird unter Umständen noch bis Anfang nächster Woche dauern. Sobald uns Konkretes vorliegt, melden wir uns bei Ihnen.

D Wir wissen selbstverständlich um die Dringlichkeit in dieser Angelegenheit und werden alles Erdenkliche tun, um für einen adäquaten Ersatz zu sorgen.

Auch wissen wir gute Geschäftsbeziehungen zu schätzen. Die wollen wir durch diesen Umstand keineswegs aufs Spiel setzen.. Wir bieten Ihnen deshalb eine schnelle und faire Lösung an, die Sie zufrieden stellen wird.

E Ich sichere Ihnen ausdrücklich eine rasche Bearbeitung durch meinen Mitarbeiter, Herrn Schreiber, zu.

Mit freundlichen Grüßen

Gerd Riedel

D Überflüssig; dient nur der Beschwichtigung; ist leicht zu durchschauen.
E Nicht sehr klug, denn der Misserfolg fällt auf den Vorgesetzten zurück.

| I. Geschäftsbriefe | **Widerruf eines Angebotes**

Acra GmbH
Schöne Aussicht 36
40451 Düsseldorf

Gerd Riedel
Tel.:
Fax:

Herrn
Herbert Weismüller
Finkenstraße 18
35578 Wetzlar

Düsseldorf, 5. März …

Betr.: Widerruf unseres Angebotes vom …

Sehr geehrter Herr Weismüller,

es ist uns nicht möglich, den zugesagten Termin einzuhalten, da unser Zwischenhändler die Teile nicht mehr auf Lager hat. Wir widerrufen deshalb unser Angebot vom …

Selbstverständlich werden wir nach einem anderen Zwischenhändler suchen und Ihnen so schnell wie möglich ein Angebot unterbreiten.

Bitte geben Sie uns dazu Gelegenheit.

Herr Schreiber wird sich persönlich um eine Lösung bemühen. Sobald er ein konkretes Angebot vorliegen hat, wird er sich umgehend mit Ihnen in Verbindung setzen.

Mit freundlichen Grüßen

Gerd Riedel

| I. Geschäftsbriefe | **Ablehnung/Rücknahme eines Angebotes**

Rainer Ruboldt AG
Ringstrasse 11
4056 Basel

Dahlenz & Frey AG
Klosbachstrasse 144
8032 Zürich

Matthias Schaffer
Telefon:
Fax:

Basel, den 20. März …

Betr.: Ihr Angebot vom …

Sehr geehrter Herr Dahlenz,

für das Angebot vom … danke ich Ihnen. Leider habe ich feststellen müssen, dass Ihr Angebot deutlich von Ihrer telefonischen Zusage abweicht.

A **Was den Stückpreis betrifft, so liegt dieser um 5% höher als von Ihnen ursprünglich angeboten. Hinzu kommen dann noch die Transportkosten, die Sie pro Stück mit 25,00 Fr. veranschlagen. Daraus ergibt sich ein Stückpreis von 575,00 Fr.**

In unserem Telefongespräch hatten Sie außerdem von einer Lieferung frei Haus gesprochen (bei einer Mindestabnahme von 5 Stück).

B **Sie werden verstehen, dass ich unter diesen Bedingungen den Bestellauftrag nicht erteilen kann, und ich bitte Sie zu überprüfen, ob Ihr Erstangebot nicht doch zu erfüllen ist. Zumindest sollte das neue Angebot nicht wesentlich von Ihrem telefonischen abweichen. Auch beabsichtigen wir, mindestens 12 Stück zu bestellen,**

A Es ist nicht zwingend notwendig, noch einmal die besprochene Vereinbarung in den Einzelheiten aufzurollen. Fakt ist: Das jetzige Angebot weicht erheblich von dem telefonischen Erstangebot ab.

B Hier kommt der Käufer dem Verkäufer aber sehr entgegen! Müsste es nicht umgekehrt sein?

was die Mindestabnahme überschreiten würde. Somit könnten die Transportkosten entfallen. Der Preis pro Stück müsste von Ihnen ebenfalls neu kalkuliert werden. Dabei gehe ich noch immer von Ihrem telefonischen Erstangebot aus.

C Ich bin auch bereit, bei den Lieferzeiten Zugeständnisse zu machen, wenn der Stückpreis, wie besprochen, erhalten bleibt.

Sollte in allen Punkten eine Übereinstimmung erzielt werden, steht der Auftragserteilung nichts mehr im Wege.

D Sie können mir das verbindliche Angebot auch per Fax zukommen lassen. Nach Prüfung des Angebotes werde ich dann sofort den Auftrag unterzeichnen. Gerne höre ich von Ihnen.

Mit freundlichen Grüßen

Matthias Schaffer

C … und als ob dies nicht ausreichen würde, macht der Käufer bei den Lieferzeiten auch noch Zugeständnisse!

D Herr Schaffer hätte allen Grund, über das abweichende Angebot verärgert zu sein, stattdessen verabschiedet er sich auch noch mit wohlfeilen Worten. Unpassend und überflüssig!

| I. Geschäftsbriefe | **Ablehnung/Rücknahme eines Angebotes**

Rainer Ruboldt AG
Ringstrasse 11
4056 Basel

Dahlenz & Frey AG
Klosbachstrasse 144
8032 Zürich

Matthias Schaffer
Telefon:
Fax:

Basel, den 20. März ...

Betr.: Ihr Angebot vom ...

Sehr geehrter Herr Dahlenz,

Ihr Angebot vom ... habe ich erhalten.

Mit Überraschung habe ich festgestellt, dass dieses erheblich von Ihrem telefonischen Angebot vom ... abweicht.

Der vereinbarte Stückpreis und die zusätzlichen Transportkosten sind deutlich höher. Unter diesen Bedingungen kann ich den Bestellauftrag nicht erteilen.

Bitte überprüfen Sie noch einmal Ihr Angebot.

Sollten Sie zu den ursprünglich vereinbarten Bedingungen und Preisen liefern, käme der Auftrag zustande.

Mit freundlichen Grüßen

Matthias Schaffer

| I. Geschäftsbriefe | **Angebot-Absage**

Peter Schmatz AG
Kreisstrasse 27
4600 Olten

Reinhold Ruffing AG
St. Petershof 3
8001 Zürich

Robert Malcher
Telefon:
Fax:

Olten, den 10. Oktober …

Betr.: Ihr Angebot vom …

Sehr geehrte Damen und Herren,

für Ihr ausführliches Angebot zu unserer Anfrage danke ich Ihnen.

A **Wir haben Ihr Angebot sorgfältig geprüft und sind zu der Überzeugung gekommen, dass die Angebote der Mitbewerber bessere Konditionen enthalten. Einerseits liegt es an der Höhe des Preises, andererseits an den ungünstigen Lieferbedingungen.**

B **Was den Preis betrifft, so führen auch die Abschläge und Rabatte, die wir Ihren Preislisten entnehmen konnten, nicht zu dem gewünschten Ergebnis. Ihre Mitbewerber bieten neben den sehr attraktiven Rabatten auch noch einen Skontoabzug an. Einen Unterschied in der Qualität der Ware konnten wir ebenfalls nicht feststellen.**

Auch die Lieferzeiten Ihres Angebotes konnten uns nicht zufrieden stellen. Sie veranschlagen eine Lieferzeit von ca. 4–6 Wochen. Ihre Mitbewerber können dagegen die Ware schon nach 2–3 Wochen ausliefern. Da wir die Ware dringend benötigen, ist dies ein weiterer Vorzug.

A Dass die Konditionen der Mitbewerber günstiger sind, lässt sich auch kürzer darstellen.

B Es macht wenig Sinn, noch einmal die Vorteile der Mitbewerber aufzuzählen, da die Entscheidung bereits gefallen ist.

| I. Geschäftsbriefe | **Angebot-Absage**

Nimmt man diese Vorteile zusammen, so ergibt sich ein günstiges Preis-Leistungs-Verhältnis, das wir bei Ihrem Angebot vermissen.

C **Sie haben sich jedoch viel Mühe bei der Ausarbeitung des Angebotes gemacht. Da wir auch in Zukunft ähnliche Produkte verwenden wollen, kommen wir wieder auf Sie zu.**

Es könnte ja sein, dass unsere nächste Anfrage mehr Erfolg bei Ihnen haben wird.

Mit freundlichen Grüßen

Robert Malcher

C Warum sollte sich Herr Malcher für seine Entscheidung rechtfertigen und am Schluss auch noch tröstende Worte finden? Ein freundlicher Abschlusssatz genügt auch hier.

| I. Geschäftsbriefe | **Angebot-Absage**

Peter Schmatz AG
Kreisstrasse 27
4600 Olten

Reinhold Ruffing AG
St. Petershof 3
8001 Zürich

Robert Malcher
Telefon:
Fax:

Olten, den 10. Oktober ...

Betr.: Ihr Angebot vom ...

Sehr geehrte Damen und Herren,

wir haben aufgrund unserer Anfrage eine Vielzahl interessanter Angebote erhalten. Inzwischen haben wir uns für das günstigste Angebot entschieden.

Dass wir Ihr Angebot nicht berücksichtigen konnten, lag am Preisvorteil und den kürzeren Lieferzeiten der Mitbewerber. Da waren die Konditionen einfach besser.

Wir danken Ihnen dennoch für das Angebot.

Vielleicht haben wir bei unserer nächsten Anfrage mehr Erfolg bei Ihnen.

Mit freundlichen Grüßen

Robert Malcher

| I. Geschäftsbriefe | **Angebotseinholung**

Ulrich Schmitter GmbH
Laufferstraße 31
60345 Offenbach

Elektroniksysteme Stern GmbH
Wiesoldtstraße 9
95436 Nürnberg

Heike Sommer
Telefon:
Fax:

Offenbach, den 10. August …

Sehr geehrte Damen und Herren,

A in Ihrem umfangreichen und ausführlichen Prospektmaterial bieten Sie einen neuen und umfassenden Service für die elektronische Datenverarbeitung an. Sie stellen ausführlich die vielfältigen und neuartigen Möglichkeiten hinsichtlich der Kapazitäten dar und betonen dabei die Leistungsfähigkeit der Datenverarbeitungsanlage SM 385. Der Vorteil dieser Anlage besteht in der Verarbeitung und Schnelligkeit großer Datenmengen.

Für uns, als Anbieter schneller und professioneller Problemlösungen, sind diese Möglichkeiten außerordentlich interessant.

B Wir haben deshalb eine Abteilungsleiterbesprechung einberufen und die Verwendungsmöglichkeiten dieser Anlage diskutiert. Dabei sind wir zu der Erkenntnis gelangt, dass sich der Einsatz einer solchen Anlage – trotz hoher Anschaffungskosten – für uns lohnt und erhebliche Vorteile bei der Kundenbetreuung bringt.

C Bei einer so hohen Kundenfrequenz (täglich 600–800 Mal kontaktiert) ist eine solche Investition durchaus gerechtfertigt.

A Der Hinweis auf das umfangreiche Prospektmaterial erübrigt sich. Auch kennt der Verkäufer die Vorteile einer solchen Anlage selber.

B Die interne Besprechung dürfte den Händler kaum interessieren.

C Ob eine solche Investition «gerechtfertigt» ist oder nicht, darüber müssen die Käufer entscheiden; kann also im Brief weggelassen werden.

| I. Geschäftsbriefe | **Angebotseinholung**

Allerdings benötigen wir die Datenverarbeitungsanlage vom Typ SM 385 bis spätestens 30.09 ..., da wir sonst das Weihnachtsgeschäft nicht mehr mit der gebotenen Sorgfalt abwickeln können.

Um Ihnen für ein konkretes Angebot die notwendigen Informationen zu geben, listen wir hier die entsprechenden Anforderungen auf:
– Zentraleinheit mit Datenbank
– Vernetzung von 64 Arbeitsplätzen
– Vernetzung aller Außenfilialen (21 Standorte)
– eine entsprechende Softwarelösung
– Schulungslehrgänge für unsere 98 Mitarbeiter

Bitte unterbreiten Sie uns ein entsprechendes Angebot mit den Nettopreisen.

D **Außerdem wollen Sie uns bitte über Ihre Service- u. Garantieleistungen informieren. Es versteht sich von selbst, dass Sie uns auch über Ihre Zahlungsbedingungen unterrichten.**

E **Sollten sich Mängel bei der Installation Ihrer Datenverarbeitungsanlage, der Software oder des Datennetzes zeigen, werden wir den Rechnungsbetrag erst nach Behebung der Mängel begleichen.**

Wir würden uns freuen, wenn Sie uns ein geeignetes Angebot unterbreiten.

Mit freundlichen Grüßen

Heike Sommer

D Klingt etwas antiquiert und könnte kürzer zusammengefasst werden. Etwa so: «Bitte geben Sie uns weitere Informationen zu Service- und Garantieleistungen, ebenso zu den Zahlungsbedingungen.»

E Weder ist ein Auftrag erteilt noch eine Installation der Anlage erfolgt. Die bloße Ankündigung einer solchen «Maßnahme» ist überflüssig.

| I. Geschäftsbriefe | **Angebotseinholung**

Ulrich Schmitter GmbH
Laufferstraße 31
60345 Offenbach

Heike Sommer
Telefon:
Fax:

Elektroniksysteme Stern GmbH
Wiesoldtstraße 9
95436 Nürnberg

Offenbach, den 10. August …

Betr.: Ihre Prospektunterlagen vom …

Sehr geehrte Damen und Herren,

wir danken Ihnen für die Zusendung der Prospektunterlagen. Die Datenverarbeitungsanlage vom Typ SM 385 findet unser Interesse. Wir bitten Sie, uns ein konkretes Angebot auszuarbeiten. Bitte berücksichtigen Sie dabei folgende Anforderungsprofile:
– Zentraleinheit mit Datenbank
– Vernetzung von 64 Arbeitsplätzen
– Vernetzung aller Außenfilialen (derzeit 21 Standorte)
– Softwarelösung
– Schulungsmöglichkeiten für unser Personal (98 Mitarbeiter)

Die Installation der Anlage sollte noch vor dem 30. September erfolgen.

Bitte weisen Sie bei Ihrem Angebot die Nettopreise aus. Außerdem bitten wir um Informationen zu den Service- und Garantieleistungen sowie den Konditionen.

Mit freundlichen Grüßen

Heike Sommer

| I. Geschäftsbriefe | Probekauf/Test

Rinker Tiefbau GmbH
Westendstr. 17
60345 Frankfurt

Ulrich Alberts
Telefon:
Fax:

Schneidmüller Baumaschinen AG
Herrn Norbert Schneidmüller
Ringstr. 34
40213 Düsseldorf

Frankfurt, den 1. April …

Betr.: Probekauf des Baumaschinen-Typs 320

Sehr geehrter Herr Schneidmüller,

vielleicht können Sie sich noch an unsere Begegnung auf der Düsseldorfer Baumaschinenmesse erinnern.

A **Die Messe fand vom 17.5.–23.5. statt und hatte beim Fachpublikum großen Anklang gefunden.**

Ihre Baumaschinen der Bauart 320 hatten sofort mein Interesse geweckt, da wir diese sehr gut im Tiefbau einsetzen können.

B **Diese Möglichkeiten bieten derzeit nur wenige Maschinen jenes Typs. Schon gar nicht Maschinen des älteren Bautyps.**

C **Auch mein Kollege, Herr Ing. Sommer, ist von der technischen Überlegenheit dieser Maschinen überzeugt.**

Da wir für unsere bundesweiten Baustellen mehrere Maschinen anschaffen müssen, wollen wir diese erst einmal testen.

A Ob die Messe beim Publikum Anklang gefunden hat oder nicht, ist eher nebensächlich.

B … ist dem Hersteller der Baumaschinen natürlich bekannt!

C Überflüssig, denn Herr Schneidmüller kennt den Ing. Sommer nicht.

| I. Geschäftsbriefe | **Probekauf/Test**

D Freundlicherweise hatten Sie mir diese Möglichkeit bei unserem Gespräch offeriert. Nun ist der Zeitpunkt gekommen, und ich möchte anfragen, ob Sie uns für 2–3 Wochen drei Maschinen (für jeweils unterschiedliche Baustellen) überlassen können. Sollte der Test positiv verlaufen, **der übrigens von Ing. Sommer und Dipl.-Ing. Westhaupt begutachtet wird,** so werden wir voraussichtlich sechs Maschinen ordern.

E **Sie werden Verständnis haben, wenn wir aufgrund der hohen Anschaffungskosten erst einen Test der Maschinen durchführen wollen. Immerhin sind damit erhebliche Investitionen für unser Unternehmen verbunden.**

Wir hoffen jedoch, die Maschinen rentabel einsetzen zu können.

Bitte teilen Sie uns mit, wann wir mit den drei Maschinen rechnen können.

Mit freundlichen Grüßen

Ulrich Alberts

D Die beiden Herren sind Herrn Schneidmüller nicht bekannt, deshalb macht der Namensverweis wenig Sinn.

E Das weiß Herr Schneidmüller natürlich auch … deshalb das Angebot zum Testkauf.

I. Geschäftsbriefe | Probekauf/Test

Rinker Tiefbau GmbH
Westendstr. 17
60345 Frankfurt

Schneidmüller Baumaschinen AG
Herrn Norbert Schneidmüller
Ringstr. 34
40213 Düsseldorf

Ulrich Alberts
Telefon:
Fax:

Frankfurt, den 1. April …

Betr.: Probekauf des Baumaschinen-Typs 320

Sehr geehrter Herr Schneidmüller,

bei unserem Treffen auf der Düsseldorfer Baumaschinenmesse machten Sie mir das Angebot eines Probekaufs.

Nun ist es so weit. Ich möchte drei Maschinen zur Probe bestellen.

Sollte der Testverlauf positiv verlaufen, werden wir voraussichtlich sechs Maschinen kaufen.

Bitte teilen Sie mir mit, wann wir mit den Maschinen rechnen können.

Mit freundlichen Grüßen

Ulrich Alberts

| I. Geschäftsbriefe | **Antwort auf Beschwerde eines Kunden**

Siesmaier & Krämer AG
Rollweg 17
6001 Basel

Stephan Kranz
Telefon:
Fax:

Reiseunternehmen Fernweh AG
Herr Michael Schneider
Bregenzerstrasse 44
9001 St. Gallen

Basel, den 11. Juni …

Betr.: Ihr Schreiben zu unserer Rechnung vom …

Sehr geehrter Herr Schneider,

Sie haben sich in Ihrem Schreiben über den zu hohen Preis der Kommunikationsanlage HUT 776 beklagt. Der Preis erscheint Ihnen zu hoch. Darauf möchte ich gerne eingehen und Ihnen einige Erläuterungen geben.

A **Bevor Sie sich für unsere Anlage entschieden hatten, standen in Ihren Überlegungen gewiss auch andere Anlagen im Blickfeld. Vielleicht waren es sogar preiswertere Modelle. Möglicherweise haben Ihnen auch die Mitbewerber andere Typen und Preisvorschläge offeriert. Letztlich haben Sie sich für unser Modell entschieden – aus gutem Grund!**

Das Modell HUT 776 ist eine moderne Kommunikationsanlage, die in vielen Unternehmen mit großem Erfolg eingesetzt wird. Diese Anlage ist variabel einsetzbar und besteht aus unterschiedlichen Bauelementen, die je nach Anforderung umgebaut oder erweitert werden kann. Die Kundenzuschriften bestätigen uns dieses Konzept.

A Dass der Kunde Preise und Leistungen verglichen hat, ist anzunehmen – muss also nicht mehr erwähnt werden. Überhaupt werden die Vorteile der Kommunikationsanlage HUT 776 allzu ausführlich dargestellt.

In diesem Kapitel ist Abkürzungspotenzial vorhanden!

| I. Geschäftsbriefe | **Antwort auf Beschwerde eines Kunden**

Bei einer kompakten Anlage können die einzelnen Bauelemente nicht mehr ausgetauscht oder erweitert werden.

Wie Sie mir in unserem letzten Gespräch mitteilten, stehe in Zukunft eine Expansion Ihres Filialnetzes an. Sollte sich Ihr Filialnetz von derzeit 16 auf 28 Standorte erhöhen, würde eine kompakte Anlage nicht mehr ausreichen. Sie müssten auf einen anderen Typ von Kommunikationsanlage umstellen. Dies bedeutet eine Neuinvestition, da die alte Anlage den Anforderungen nicht mehr genügt.

Dieses Problem haben Sie mit der Kommunikationsanlage HUT 776 gelöst. Sie verfügt über ein ausreichendes Netzwerk, große Speicherkapazitäten und eine hohe Übertragungsgeschwindigkeit. Damit haben Sie eine gute Wahl getroffen – die natürlich ihren Preis hat! Sollte es zu einer Ausdehnung des Filialnetzes kommen, würde sich dieser Kostenaufwand bald rechnen. Sie haben damit auch eine zukunftsweisende Entscheidung getroffen!

Neben den technischen Merkmalen, die unsere Anlage auszeichnen, überzeugen auch die Serviceleistungen.

B **Die Anlage Ihres Typs benötigt eine Wartung in relativ großen Intervallen (ca. 2 x im Jahr). Eine kompakte Anlage hingegen benötigt mindestens 4 x jährlich eine Wartung. Auch daran können Sie die Vorteile der Kommunikationsanlage HUT 776 ermessen.**

Auch was die herstellerische Seite der Anlage betrifft, so haben wir nur Teile von Spezialfirmen eingebaut, die unseren hohen Ansprüchen genügen. Billigteile haben in unseren Anlagen nichts zu suchen. Entsprechende Hinweise dazu geben unsere Garantieleistungen: Alle Teile der Anlage haben einen Garantiestatus von drei Jahren (die meisten Hersteller verpflichten sich auf eine Garantie-

---

B Die herstellerische Seite ist für den Kunden nicht so entscheidend, wichtiger hingegen ist der Nutzen – und der sollte in den Vordergrund gerückt werden. Auch hier ist Abkürzungspotenzial vorhanden.

| I. Geschäftsbriefe | **Antwort auf Beschwerde eines Kunden**

zeit von nur zwei Jahren!). Voraussetzung ist allerdings eine regelmäßige fachmännische Wartung.

Fasst man alle diese Vorzüge zusammen, so wird ein gutes Preis-Leistungs-Verhältnis deutlich.

Wir sind sicher, dass auch Sie von den Vorteilen unserer Anlage profitieren werden.

Unser Serviceteam steht Ihnen jederzeit mit Rat und Tat zur Seite. In dringenden Fällen sind wir rund um die Uhr erreichbar: Tel …

Auch das ist für uns ein selbstverständlicher Service am Kunden.

Gerne stehe ich Ihnen für weitere Auskünfte zur Verfügung.

Mit freundlichen Grüßen

Stephan Kranz

| I. Geschäftsbriefe | Antwort auf Beschwerde eines Kunden

Siesmaier & Krämer AG
Rollweg 17
6001 Basel

Stephan Kranz
Telefon:
Fax:

Reiseunternehmen Fernweh AG
Herr Michael Schneider
Bregenzerstrasse 44
9001 St. Gallen

Basel, den 11. Juni ...

Betr.: Ihr Schreiben zu unserer Rechnung vom ...

Sehr geehrter Herr Schneider,

in Ihrem Schreiben beanstanden Sie den Preis für unsere Kommunikationsanlage HUT 776. Ich möchte Ihnen dazu einige Erläuterungen geben.

Die unterschiedlichen Bauelemente ermöglichen eine vielseitige und variable Gestaltung der Anlage. Im Hinblick auf die Expansion Ihres Filialnetzes sind Sie mit dieser Anlage bestens vorbereitet. Eine Kompaktanlage, die zunächst preiswerter erscheint, könnte diesen Anforderungen nicht mehr genügen. Sie müsste ausgewechselt oder komplett ersetzt werden, was zusätzliche Kosten verursacht.

Zeit- und Geldersparnisse bieten auch die großen Wartungsintervalle an. Außerdem geben wir auf alle Teile eine Garantieleistung von drei Jahren (üblich sind in der Regel nur zwei Jahre). Unser Serviceteam ist rund um die Uhr für Ihre Mitarbeiter erreichbar. Alle diese Vorzüge bieten wir zu einem sehr guten Preis-Leistungs-Verhältnis an. Wir sind sicher, dass Sie eine gute Wahl getroffen haben und von der Anlage HUT 776 profitieren werden. Für weitere Auskünfte stehe ich Ihnen gerne zur Verfügung.

Mit freundlichen Grüßen

Stephan Kranz

| I. Geschäftsbriefe | **Mängelrüge**

Rigant Frisch GmbH
Seeweg 23
35454 Kassel

Soltay Produkte GmbH
Herr Robert Leisler
Am Graben 71
50345 Köln

Roland Biqué
Telefon:
Fax:

Kassel, den 15. März …

Sehr geehrter Herr Leisler,

schon seit vielen Jahren beliefern Sie unser Haus mit Ihren ausgezeichneten Produkten. Die Produkte waren nicht nur preiswert, sondern auch gut. Qualität und Optik entsprachen immer Ihrer Ausschreibung.

A **Auch galten Sie als zuverlässiger und termingerechter Lieferant, der bei unseren Einkäufern hohes Ansehen genoss. Die Ware traf immer pünktlich ein, die Qualität entsprach den Anforderungen, und die Verpackung gewährleistete stets eine schadensfreie Zustellung. Außerdem gewährten Sie uns großzügige Rabatte, die wir an unsere Kunden weitergeben konnten. So waren wir gegenüber unseren Mitbewerbern vor Ort immer voraus. In jeder Hinsicht war die Zusammenarbeit vorbildlich.**

Nun erreichen mich seit einiger Zeit unerfreuliche Meldungen, dass Warensendungen beschädigt ankommen, die Verpackungen Aufrisse zeigen und Liefertermine nicht eingehalten werden. Darüber hinaus gewähren Sie uns auch nicht mehr die üblichen Rabatte.

B **Zunächst glaubten wir, es handle sich um ein Versehen, um die Nachlässigkeit einiger Mitarbeiter oder um Versäumnisse bei der Rechnungsstellung.**

A   Viel zu lange Ausführung über die bisherige Zusammenarbeit!
B   Es ist nicht Sache des Auftraggebers, über die Gründe der mangelhaften Zustellung zu spekulieren.

| I. Geschäftsbriefe | **Mängelrüge**

Es zeigte sich jedoch, dass die Mängel zunahmen und sich keine Besserung andeutete. Trotz mehrmaliger Intervention seitens unserer Einkäufer geschah bisher nichts.

Dieser Zustand ist für uns nicht akzeptabel. Wir sind gerade in diesen harten Zeiten auf faire Bedingungen und eine reibungslose Warenzustellung angewiesen.

C **Andererseits möchten wir die seit Jahren bestehende vertrauensvolle Zusammenarbeit nicht einfach aufkündigen.**

D **Ich möchte Sie daher bitten, mir mitzuteilen, wie dieser unbefriedigende Zustand aus der Welt geschafft werden kann.**

Ein klärendes Gespräch zwischen uns wäre deshalb sinnvoll.

Ich möchte Sie bitten, mich nächsten Dienstag anzurufen. Sie können mich in meinem Büro zwischen 10.00 Uhr und 11.30 Uhr gut erreichen.

Mit freundlichen Grüßen

Roland Biqué

C Durch diese Aussage wird die Mängelrüge abgeschwächt und relativiert.

D Die höfliche Aufforderung ist fehl am Platz. Aufgrund der zahlreichen Mängel genügt die bloße Aufforderung zu einem klärenden Gespräch.

| I. Geschäftsbriefe | **Mängelrüge**

Rigant Frisch GmbH
Seeweg 23
35454 Kassel

Roland Biqué
Telefon:
Fax:

Soltay Produkte GmbH
Herr Robert Leisler
Am Graben 71
50345 Köln

Kassel, den 15. März …

Betr.: Mängelrüge zur Lieferung am … / Rg.-Nr. …

Sehr geehrter Herr Leisler,

schon seit Jahren beliefern Sie unser Haus mit Ihren ausgezeichneten Produkten. Die Produkte waren nicht nur preiswert, sondern auch gut und solide verpackt. Es gab nie Beanstandungen.

Nun erreichen mich seit einiger Zeit Meldungen, dass Warensendungen beschädigt ankommen, Termine nicht eingehalten werden und Rabatte nicht mehr in vollem Umfang gewährt werden.

Dieser Zustand ist für uns nicht akzeptabel. Wie können wir diese unerfreuliche Situation aus der Welt schaffen?

Ich denke, hier wäre ein klärendes Gespräch sinnvoll.

Bitte rufen Sie mich am kommenden Dienstag zwischen 10.00 Uhr und 11.30 Uhr in meinem Büro an.

Mit freundlichen Grüßen

Roland Biqué

| I. Geschäftsbriefe | **Antwort des Kundendienstes**

Ringschutz-Versicherungen   Herrn
Kundendienst   Rolf Singer
Hansaallee 23   Bremerstraße 75
10345 Berlin   30455 Hannover

Birgit Kraus
Telefon: Berlin, den 3. Oktober ...
Fax:

Betr.: Kündigung Ihrer Versicherung Nr.: ... vom ...

Sehr geehrter Herr Singer,

Sie haben sich mit Schreiben vom ... entschieden, Ihre Ringschutz-Versicherung zu kündigen. Was war der Grund für Ihre Entscheidung? Welche Veränderungen haben Sie dazu bewogen, diesen Schritt zu vollziehen?

A **Schließlich haben unsere Leistungen Sie zu Beginn des Versicherungsschutzes überzeugt. Jahrelang genossen Sie den vollen Versicherungsschutz nicht nur Ihres Hauses, auch des Grundstückes und sämtlicher darauf befindlicher Einrichtungen, Gegenstände und Lagerflächen. Vom Kleiderschrank bis zum Arbeitszimmer, vom Fahrrad bis zur Waschmaschine waren alle Dinge mitversichert. Nun entfällt dieser Versicherungsschutz.**

Bedenken Sie: Ihre Ringschutz-Versicherung erstattet im Versicherungsfall den vollen Wiederbeschaffungswert (nicht den Zeitwert!).

A   Hier werden noch einmal alle Vorteile und Leistungen der Versicherung aufgeschlüsselt. Dies ist jedoch nicht erforderlich. Die Leistungen sind dem Versicherungsnehmer bekannt. Es müssen andere Gründe sein, die ihn zu einer Kündigung veranlasst haben. Die Prämienhöhe? An den Leistungen wird es wohl kaum gelegen haben. Deshalb sollte Frau Kraus ohne Umschweife auf die günstigeren Tarife eingehen.

| I. Geschäftsbriefe | **Antwort des Kundendienstes**

Und sollten einmal Ihre Sachen außerhalb des Hauses beschädigt, gestohlen oder vernichtet werden, so können Sie mit gleichwertigem Ersatz rechnen – ohne Wenn und Aber! Wir garantieren Ihnen zudem eine schnelle und unbürokratische Abwicklung im Schadensfall.

Daneben bieten wir aber auch neue, individuelle Versicherungskonzepte an, die Ihnen noch besseren Versicherungsschutz bieten – und das zu ungewöhnlich günstigen Konditionen.

Unsere neuen Versicherungskonzepte bieten einen erstklassigen Versicherungsschutz. Lassen Sie sich bitte durch einen Mitarbeiter unseres Versicherungsunternehmens beraten. Er wird Ihnen aus einer Vielzahl von «Versicherungsbausteinen» den für Sie passenden und günstigen Tarif zusammenstellen.

Sie wissen es ja selbst am besten: Gute Beratung ist durch nichts zu ersetzen!

Lassen Sie uns deshalb noch einmal über Ihre Entscheidung reden.

B **Herr Seger freut sich, Sie vor Ort beraten zu dürfen. Gerne kommt er zu Ihnen nach Hause und berät Sie in allen Versicherungsfragen. Sie können ihn aber auch in seinem Büro in der Wolfgangstraße 14 täglich von 09.00 Uhr bis 16.30 Uhr erreichen.**

Nutzen Sie diese Chance!

B Der Besuch des Versicherungsvertreters wirkt aufdringlich. Das Angebot zu einem Beratungsgespräch reicht hingegen völlig aus.

| I. Geschäftsbriefe | **Antwort des Kundendienstes**

C **Wir danken Ihnen für das entgegengebrachte Vertrauen**
und wünschen Ihnen für die Zukunft alles Gute.

Mit freundlichen Grüßen

Birgit Kraus

So nicht!

C Die Abschlussworte klingen bereits nach «Abschied». Dabei soll es doch noch zu einem Kundengespräch kommen, bei dem eventuell die Kündigung aufgehoben oder umgewandelt wird. Ein Widerspruch!

| I. Geschäftsbriefe | **Antwort des Kundendienstes**

Ringschutz-Versicherungen
Kundendienst
Hansaallee 23
10345 Berlin

Herrn
Rolf Singer
Bremerstraße 75
30455 Hannover

Birgit Kraus
Telefon:
Fax:

Berlin, den 3. Oktober …

Betr.: Kündigung Ihrer Versicherung Nr.: … vom …

Sehr geehrter Herr Singer,

mit Ihrem Schreiben vom … kündigen Sie Ihre Ringschutz-Versicherung auf. Was war der Grund für Ihre Kündigung? Gab es Veränderungen, die zu Ihrer Entscheidung beitrugen? Bitte lassen Sie uns die Gründe wissen, damit wir Sie noch besser über unsere Produkte informieren können.

Inzwischen gibt es eine Vielzahl neuer Versicherungskonzepte zu besonders attraktiven Konditionen. So ist es durchaus möglich, individuelle Lösungen anzustreben, die bei vollem Leistungsumfang günstiger sind als kompakte Pakete. Lassen Sie sich bitte noch einmal von uns beraten.

Herr Seger wird Ihnen die neuen Produkte gerne vorstellen. Er wird sich mit Ihnen in Verbindung setzen.

Vielleicht können wir Sie von der hohen Leistungsfähigkeit unserer Versicherungen überzeugen und Sie wieder als Kunden gewinnen.

Mit freundlichen Grüßen

Birgit Kraus

| I. Geschäftsbriefe | **Kundeninformation**

Rahn-Acker GmbH
Rohrbachstraße 27
30678 Hannover

Harald Meister
Telefon:
Fax:

Hellwig AG
Frau Astrid Thurnwald
Breslauerstraße 45
10358 Berlin

Hannover, 14. April …

Sehr geehrte Frau Thurnwald,

über Ihren Auftrag vom … haben wir uns sehr gefreut.

A **Sie haben uns den Auftrag auch deshalb erteilt, weil Sie uns als vertrauenswürdigen und zuverlässigen Lieferanten kennen. Wir schätzen diese Einstellung und bemühen uns stets, den wachsenden Kundenansprüchen gerecht zu werden.**

Nun ist ganz überraschend folgende Situation eingetreten: Unser Hauptlieferant kann diese Menge zurzeit nicht an uns ausliefern. Der Grund ist eine defekte Maschinenanlage im Betrieb.

B **Die Maschinenanlage ist auch kurzfristig nicht zu reparieren, da erst noch Ersatzteile aus Belgien beschafft werden müssen. Wie mir der Geschäftsführer mitteilte, würde dies einige Tage in Anspruch nehmen. Es ist erst Mitte … mit einer Reparatur zu rechnen. Diese Zusage könne er auch nur unter Vorbehalt geben, denn er wisse nicht genau, wann die Ersatzteile bei ihm ankämen. Außerdem müssten Fachmonteure bestellt werden, die in der Lage sind, die Maschinenanlage wieder funktionsfähig zu machen. Auch dies könnte unter Umständen ein paar Tage dauern.**

A Diese Höflichkeitsfloskel verrät bereits Unheil …!

B Das Problem mit der Maschinenanlage dürfte Frau Thurnwald kaum interessieren. Sie muss den Warenausfall kompensieren, was eine rasche Lösung erfordert. Darauf müsste Herr Meister sofort eingehen, stattdessen wirbt er um Verständnis für den Hauptlieferanten.

| I. Geschäftsbriefe | **Kundeninformation**

Was können wir tun, damit Sie möglichst schnell an die gewünschte Ware kommen?

Ich schlage Ihnen nun folgende Lösung vor: Wir verfügen über ein Reservelager und haben dort einen geringen Bestand Ihres Artikels gelagert. Diesen kleinen Warenbestand (etwa 500 Stück) werden wir Ihnen fristgemäß ausliefern.

C **Die Menge wird natürlich nicht ausreichen, um Ihren Bedarf zu decken.**

Zusätzlich werden wir versuchen, bei einem Ersatzlieferanten den größeren Teil der Ware aufzutreiben.

D **Dies werden wir sogleich in Angriff nehmen. Sobald wir einen Ersatzlieferanten gefunden haben, werden wir uns wieder bei Ihnen melden.**

E **Wenn alles gut geht, könnten wir sogar den vereinbarten Liefertermin einhalten bzw. mit ein paar Tagen Verspätung nachliefern.**

Wir werden Sie in den nächsten zwei Tagen über den Stand der Dinge informieren.

F **Ich bin überzeugt, dass wir das Problem lösen können und Sie uns auch in Zukunft wieder Ihr Vertrauen schenken werden.**

Mit freundlichen Grüßen

Harald Meister

C … kann sich Frau Thurnwald denken! Überflüssige Bemerkung.
D … davon geht Frau Thurnwald aus!
E Keine vagen Versprechungen, sonst könnte eine Enttäuschung folgen.
F Der Abschlusssatz verstärkt eher noch die Verunsicherung.

| I. Geschäftsbriefe | **Kundeninformation**

Rahn-Acker GmbH
Rohrbachstraße. 27
30678 Hannover

Harald Meister
Telefon:
Fax:

Hellwig AG
Frau Astrid Thurnwald
Breslauerstraße 45
10358 Berlin

Hannover, 14. April …

Sehr geehrte Frau Thurnwald,

Sie haben bei uns eine umfangreiche Bestellung aufgegeben, die bis zum … an Sie ausgeliefert werden sollte. Da unser Hauptlieferant wegen einer defekten Maschinenanlage nicht mehr produzieren kann, haben wir ein Problem.

Zwar können wir Ihnen einen kleinen Teil (ca. 500 Stück) fristgemäß ausliefern. Den größeren Teil müssten wir jedoch bei einem Ersatzlieferanten ordern. Wir können den vereinbarten Termin voraussichtlich nicht einhalten.

Ich weiß, wie dringend Sie die Ware benötigen. Deshalb werde ich mich persönlich um eine Lösung bemühen.

Sie werden von mir in den nächsten beiden Tagen hören.

Mit freundlichen Grüßen

Harald Meister

| I. Geschäftsbriefe | **Veränderungen im Versand**

Melcher u. Siegmann GmbH
Manfred Melcher
Findelweg 11
79561 Freiburg/Brsg.
Telefon:
Fax:

ARAX Elektronic-GmbH
Herr Roland Schröder
Am Steinweg 15
76689 Offenburg

Freiburg, den 20. Mai …

Betr.: Änderung des Zustellweges/Personalwechsel

Sehr geehrter Herr Schröder,

A bisher erhielten Ihre Mitarbeiter das Arbeitsmaterial direkt von uns. Es hat sich mit der Zeit herausgestellt, dass dieses Verfahren sehr aufwändig ist, da zusätzliche Transportwege notwendig sind, um termingerecht auszuliefern. Wir hatten dieses Verfahren bisher beibehalten, um eine rechtzeitige Sicherstellung der Arbeitsmaterialien zu gewährleisten. Inzwischen sind wir aber zu der Überzeugung gelangt, dass dieses Verfahren für uns weder zeitgemäß noch wirtschaftlich ist.

B Wir haben uns dazu ein Alternativverfahren überlegt, das wirtschaftlich vertretbar ist und für den Kunden keine Nachteile bietet. Wir liefern mit unserem Vertriebspartner Extern GmbH nach einem festen Routenplan aus und bitten Sie, uns in Zukunft ca. 14 Tage vor Liefertermin Artikelnummer und Stückzahl mitzuteilen. In Ausnahmefällen können wir per Spedition nachliefern, was aber gesondert berechnet wird.

A Die Erklärung ist zu langatmig und nimmt fast ausschließlich Bezug auf Leistungen und Vertragsinhalte in der Vergangenheit.

B Die Überlegungen innerhalb der Firma sind für den Kunden nicht immer relevant. Wichtiger ist für ihn, zu erfahren, ob mit der Umstellung Nachteile oder Preiserhöhungen verbunden sind.

| I. Geschäftsbriefe | **Veränderungen im Versand**

Die bisher angefallenen Transportkosten ändern sich nicht, sodass Ihnen keine finanziellen Nachteile entstehen.

C **Herr Müller, der Sie bisher betreut hat und auch für Ihre sonstigen Anfragen, Wünsche und Änderungsaufträge zuständig war, wird unsere Abteilung Mitte des Jahres verlassen. Wir verlieren mit ihm einen zuverlässigen und kompetenten Mitarbeiter. Herr Müller wechselt zu unserer Filiale nach Berlin und wird von dort aus den osteuropäischen Markt koordinieren.**

D **Mit Frau Seibert haben wir nun eine erfahrene Fachfrau gefunden, die Herrn Müller nachfolgen wird. Frau Seibert hat nach einem Besuch der Fachhochschule für Verkehrs- und Transportwesen in Hannover Erfahrungen bei nationalen und internationalen Unternehmen sammeln können. Zuletzt war sie bei einer amerikanischen Firma in Frankfurt am Main tätig. Dort war sie bei einer Großhandelsfirma für das gesamte mitteleuropäische Transportnetz zuständig. Wir werden von Ihren Kenntnissen und Erfahrungen profitieren. Frau Seibert wird sich in den kommenden Monaten sorgfältig einarbeiten und sich mit unseren bisherigen Kunden vertraut machen. Sobald die Einarbeitung abgeschlossen ist, wird sich Frau Seibert bei Ihnen vorstellen.**

Sie wird mit Ihnen auch die neue Routenplanung besprechen und die Auslieferungstermine abstimmen. Wir werden unserseits die Vertragsunterlagen abändern und Ihnen zur Gegenzeichnung vorlegen.

Wir sichern Ihnen auch in Zukunft eine zuverlässige Zustellung der Arbeitsmaterialien für Ihre Mitarbeiter zu.

C Der Weggang von Herrn Müller ist ein firmeninterner Vorgang, der keiner ausführlichen Erläuterung bedarf.

D Der berufliche Werdegang von Frau Seibert ist für den Kunden unerheblich, schließlich will sie sich nicht bei ihm bewerben.

| I. Geschäftsbriefe | **Veränderungen im Versand**

E **Sollten Sie noch weitere Wünsche und Anregungen an uns herantragen wollen, so stehe ich Ihnen gerne persönlich zur Verfügung. Aber auch meine Mitarbeiter stehen Ihnen mit Rat und Tat zur Seite.**

Mit freundlichen Grüßen

Manfred Melcher

So nicht!

E Keine «Anregungen»! Damit treten Sie vielleicht nur eine Lawine los.

| I. Geschäftsbriefe | **Veränderungen im Versand**

Melcher u. Siegmann GmbH   ARAX Elektronic-GmbH
Manfred Melcher   Herr Roland Schröder
Findelweg 11   Am Steinweg 15
79561 Freiburg/Brsg.   76689 Offenburg
Telefon:
Fax:

Freiburg, den 20. Mai …

Betr.: Änderung des Zustellweges/Personalwechsel

Sehr geehrter Herr Schröder,

wir haben uns entschlossen, künftig nach einem festen Routenplan auszuliefern. Wirtschaftliche Überlegungen und eine bessere Lieferzustellung waren die Ausgangspunkte bei unserer Entscheidung. Die Firma Extern GmbH wird uns dabei unterstützen.

Für Sie entstehen keine Nachteile. Lediglich Sondertransporte müssen gesondert berechnet werden. Sie sollten uns bis 14 Tage vor Zustelltermin die Artikel-Nr. und die Stückzahlen durchgeben. Sonst ändert sich nichts.

Herr Müller wird uns Mitte des Jahres verlassen und andere Aufgaben übernehmen. Bis dahin wird er Frau Seibert, seine Nachfolgerin, einarbeiten und sie mit unseren Kunden vertraut machen. Wir sind der Überzeugung, dass mit dieser Änderung noch mehr Effizienz und Qualität in der Zustellung erreicht wird.

Gerne stehen ich oder meine Mitarbeiter Ihnen für weitere Fragen zur Verfügung.

Mit freundlichen Grüßen

Manfred Melcher

| I. Geschäftsbriefe | **Ausfall eines Seminars**

Werner Riffling AG
Sternfeldstr. 5
4001 Basel

Peter Steinacker
Telefon:
Fax:

Trainingskonzepte Wilfinger & Partner
Herr Wilfinger
Rosbachstr. 19
8032 Zürich

Basel, den 12. September …

Betr.: Absage Ihres Seminartermins vom … bis …

Sehr geehrter Herr Wilfinger,

A das Seminar «Vertriebssteuerung – mit neuen Konzepten Märkte erobern» ist bei unseren Mitarbeitern im Vertrieb auf großes Interesse gestoßen. Nun musste der von Ihnen anvisierte und bestätigte Termin vom … bis … abgesagt werden.

Aufgrund der zahlreichen Anmeldungen – auch aus unseren Filialen in Stuttgart, Hannover und Luzern – haben wir sogar einen zweiten Termin in Erwägung gezogen, der ebenfalls von Ihnen durchgeführt werden sollte.

Da Sie für uns in den vergangenen Jahren viele Kurse und Seminare abgehalten haben, war das Vertrauen zu Ihnen stets sehr groß. Nun haben Sie uns wiederholt einen Seminartermin abgesagt. Ihre Absage erfolgte jedoch erst nach unserer Rückfrage, ob wir eine Zimmerreservierung für Sie vornehmen sollen.

B Unsere Frau Schuster, die auch sonst für den Bereich Personalför-

---

A Hier sollte eine kürzere «Vorgeschichte» angestrebt werden.

B Eine «Auflistung» der Vorarbeiten von Frau Schuster ist überflüssig. Scheinbar sollen die Unannehmlichkeiten einer Absage noch einmal deutlich werden. Fakt ist jedoch: Es liegt ein grober Vertrauensbruch von Herrn Wilfinger vor.

| I. Geschäftsbriefe | **Ausfall eines Seminars**

derung und Weiterbildung zuständig ist, hatte inzwischen an alle Teilnehmer Bestätigungen verschickt, Anreisepläne ausgearbeitet und Zimmerreservierungen vorgenommen. Selbstverständlich hat sie auch den Seminarraum angemietet und andere organisatorische Dinge in Angriff genommen.

Die Mitarbeiter wurden für dieses Seminar vorsorglich freigestellt. Es mussten teilweise erhebliche personelle Änderungen in den Besetzungsplänen vorgenommen werden, damit eine Teilnahme der betreffenden Personen gesichert ist.

All dies hat uns viel Zeit und Arbeit gekostet. Auch leidet das Vertrauen unserer Mitarbeiter in die Weiterbildungsmaßnahmen unter den ständigen Terminverschiebungen.

Wir fordern Sie noch einmal auf, den Termin lt. unserer Vertragsvereinbarung einzuhalten. Sollte dies Ihrerseits nicht möglich sein, sehen wir uns gezwungen, die Stornokosten an Sie weiterzugeben.

C Bedenken Sie bitte, dass wir alle Reservierungen und Buchungen bereits getätigt haben und organisatorische Umänderungen einen erheblichen Mehraufwand bedeuten.

Es müssen neben den Hotelzimmern, dem Seminarraum auch die Flugtickets und Bahnfahrkarten für unsere Mitarbeiter storniert werden.

Ganz abgesehen von diesen Umständen, würde unsere bisher vertrauensvolle Zusammenarbeit eine nicht zu unterschätzende Belastung erfahren, und wir müssten uns in Zukunft einen anderen Partner suchen.

C Unwirksame Drohgebärde, die eigentlich nur Hilflosigkeit signalisiert.

| I. Geschäftsbriefe | **Ausfall eines Seminars**

Wir bitten Sie hiermit ausdrücklich, den Termin einzuhalten.

Bitte bestätigen Sie uns das Schreiben bis zum …

Mit freundlichen Grüßen

Peter Steinacker

| I. Geschäftsbriefe | **Ausfall eines Seminars**

Werner Riffling AG
Sternfeldstr. 5
4001 Basel

Peter Steinacker
Telefon:
Fax:

Trainingskonzepte Wilfinger & Partner
Herr Wilfinger
Rosbachstr. 19
8032 Zürich

Basel, den 12. September …

Betr.: Absage Ihres Seminartermins vom … bis …

Sehr geehrter Herr Wilfinger,

der zwischen uns vertraglich festgelegte Seminartermin … bis … mit dem Thema «Vertriebssteuerung – mit neuen Konzepten Märkte erobern» kann Ihrerseits nicht stattfinden. Nun ist dies eine wiederholte Absage innerhalb eines Vierteljahres.

Ganz abgesehen von dem Vertrauensverlust unserer Mitarbeiter, die sich zu diesem Seminar rechtzeitig angemeldet haben, fallen Stornogebühren für Zimmerreservierungen, Flug- und Bahntickets an. Diese Gebühren müssen wir Ihnen in Rechnung stellen, falls das Seminar nicht zustande kommt.

Auch für die Zukunft wäre damit keine gute Basis für eine weitere Zusammenarbeit gegeben. Wir bitten Sie daher, den Termin einzuhalten.

Bitte bestätigen Sie uns das Schreiben bis spätestens …

Mit freundlichen Grüßen

Peter Steinacker

| I. Geschäftsbriefe | **Antrag auf Existenzgründungskredit**

Roland Schiller
Fasanenweg 14
65674 Wiesbaden

Telefon:
Fax:

Industrie- u. Handelskammer
- Existenzgründung -
Platz der Republik 225
60456 Frankfurt am Main

Wiesbaden, den 24. April ...

Betr.: Antrag auf günstigen Kredit zwecks Existenzgründung

Sehr geehrte Damen und Herren,

mir ist bekannt, dass Sie über die Vergabe von günstigen Krediten an Existenzgründer entscheiden.

A **Dabei schöpfen Sie aus dem Wirtschaftsförderungsplan. Dieser Wirtschaftsförderungsplan soll mittelständischen Unternehmern bei der Existenzgründung helfen.**

Ich möchte eine Vermittlungsagentur für qualifizierte Fachkräfte aus dem Hotel- und Gaststättengewerbe gründen. Diese Vermittlungsagentur soll zunächst den heimischen Markt bedienen, sich später aber auch dem internationalen Markt zuwenden. Es sollen vor allem Fachkräfte für den Saisoneinsatz vermittelt werden.

Da ich aus dieser Branche komme und über vielfältige Kontakte zu den Entscheidungsträgern des Hotel- u. Gaststättengewerbes verfüge, ist der Einstieg nicht ganz so schwer. Hinzu kommen noch meine beruflichen Qualifikationen, die ich teilweise im Ausland erworben habe. Ich spreche mehrere Sprachen und war in den Jahren 2001 bis 2003 während mehrmonatigen Aufenthalten in Thailand, Kenia, Großbritannien und Schweden beruflich tätig.

A Dieser Hinweis ist überflüssig, da die Vergabestelle weiß, woher die Mittel kommen.

| I. Geschäftsbriefe | Antrag auf Existenzgründungskredit

B **Die Vermittlungsagentur soll vor allem qualifizierte Fachkräfte vermitteln.** Ich habe dazu bereits Hotelfachschulen, Ausbildungsbetriebe und internationale Agenturen kontaktiert. Diese zeigten sich an einer Vermittlung ihrer Fachkräfte interessiert.

Das anzumietende Büro befindet sich in guter Lage, sodass die angesprochenen Bewerber schnell den Weg zu einem Vorstellungsgespräch finden können. Die Kaltmiete beträgt 1200,00 Euro und ist für eine Innenstadtlage äußerst günstig.

Neben meinem Büro befindet sich ein separater Besprechungsraum, in dem sich die Bewerber vorstellen können. Selbstverständlich wird die Agentur mit den modernsten Kommunikationsmitteln ausgestattet.

Als Assistenz habe ich Frau Bittner, eine langjährige und versierte Fachkraft aus der Touristik-Branche, gewinnen können. Sie wird mich während meiner Abwesenheit im Büro vertreten. Zunächst wird Frau Bittner eine Halbtagsstelle einnehmen. Später soll daraus eine Ganztagsstelle werden.

Um meine Agentur wirtschaftlich abzusichern, werde ich zusätzlich Seminare und Schulungen anbieten.

C **Ich weiß aus eigener Erfahrung, dass Seminare und Fortbildungskurse nur mit praxisbezogenen Themen Anklang finden. Nur diese Themen werden in der Regel von den Vorgesetzten akzeptiert und bewilligt. Dabei spielt die Auswahl und Qualifikation der Referenten eine bedeutende Rolle. Bei den Honoraren ist auf die üblichen Sätze zu achten.**

B Wiederholung!

C Über diese Einschätzung verfügen auch die Leute von der Vergabestelle, schließlich bietet die Industrie- u. Handelskammer selber Kurse und Seminare mit ausgezeichneten Referenten an. Nicht erwähnenswert.

| I. Geschäftsbriefe | **Antrag auf Existenzgründungskredit**

D

Ganz in meiner Nähe befindet sich ein Hotel, das über kleinere Seminarräume verfügt. Mit dem Geschäftsführer habe ich bereits über eine Nutzung gesprochen. Er will mich ebenfalls unterstützen und bietet mir die Seminarräume einschließlich Technik, Verpflegung und Übernachtungskosten zu attraktiven Tagessätzen an. Möglicherweise können auch aus diesem Umfeld Fachkräfte für eine Vermittlung rekrutiert werden.

Die Bedingungen für meine Vermittlungsagentur sind daher sehr günstig.

Mit Ihrem Kredit wäre es mir möglich, rasch in den Markt einzusteigen und die geplanten Ziele zu erreichen.

Nach meiner Einschätzung sollte die Kredithöhe bei ca. 25 000 Euro liegen.

Ihrer Entscheidung sehe ich mit Interesse entgegen.

Mit freundlichen Grüßen

Roland Schiller

D

Es gibt viele Hotels mit Seminar- und Tagungsräumen, deshalb ist dieser Hinweis belanglos. Auch die Bereitschaft des Geschäftsführers, das Vorhaben von Herrn Schiller zu unterstützen, ist allzu verständlich. Er verdient ja daran. Für die Damen und Herren der Vergabestelle ist dies also kein Kriterium. Vor allem fehlt ein Business-Plan.

| I. Geschäftsbriefe | **Antrag auf Existenzgründungskredit**

Roland Schiller
Fasanenweg 14
65674 Wiesbaden

Telefon:
Fax:

Industrie- u. Handelskammer
- Existenzgründung -
Platz der Republik 225
60456 Frankfurt am Main

Wiesbaden, den 24. April ...

Betr.: Antrag auf günstigen Kredit zwecks Existenzgründung

Sehr geehrte Damen und Herren,

hiermit möchte ich einen Antrag auf günstigen Kredit zwecks Existenzgründung stellen. Dabei handelt es sich um eine Vermittlungsagentur für qualifizierte Fachkräfte aus dem Hotel- und Gaststättengewerbe. Die Agentur soll zunächst nur den heimischen Raum bedienen, später aber auch den internationalen Markt.

Da ich aus dieser Branche komme, bringe ich beste Kenntnisse und Kontakte mit. Außerdem verfüge ich über Vermittlungsverträge zu den Hotelfachschulen, Ausbildungsbetrieben und internationalen Agenturen. Daneben werde ich Kurse und Seminare mit namhaften Referenten anbieten. Eine Referentenliste füge ich bei.

Die Agentur befindet sich in einem Büro in der Innenstadt und soll mit modernsten Kommunikationsmitteln ausgestattet werden. Die Kaltmiete beträgt monatl. 1 200,00 Euro. Die Kredithöhe habe ich bei 25 000 Euro angesetzt.

Weitere Zeugnisse, Referenzen, Verträge und ein Finanzierungskonzept meiner Bank füge ich dem Antrag bei. Für ein persönliches Gespräch stehe ich Ihnen jederzeit zur Verfügung.

Mit freundlichen Grüßen

Roland Schiller

II. Personalbriefe | Zur Einführung

Was für Geschäftsbriefe gilt, gilt natürlich auch für Personalbriefe. Solche Briefe richten sich gewöhnlich an einzelne Personen. Auch hier besteht die Gefahr der unerwünschten Textwucherung.

In persönlichen Anschreiben (zum Beispiel Glückwunsch, Ruhestand etc.) werden oft persönliche und allgemeine Betrachtungen vermischt. Leicht entstehen so ein paar Seiten mehr.

Bei Verabschiedungen in den Ruhestand werden gerne Erinnerungen zitiert, Rückblenden eingefügt und ein chronologischer Lebensbericht verfasst. Meist wird dabei sehr weit ausgeholt und das Ganze mit Anekdoten verziert. Doch wird eine Verabschiedung in den Ruhestand deshalb nicht würdevoller, nur weil die Chronologie jeden Lebensabschnitt festhält und kommentiert. Vieles kann weggelassen werden, anderes muss dagegen besonders hervorgehoben werden.

Ein gut durchdachter Verabschiedungsbrief in den Ruhestand bezieht sich auf die wichtigsten Phasen im Berufsleben eines Menschen. Auch hier ist es möglich, durch knappe Formulierungen das Wesentliche auszudrücken.

Bei Glückwünschen ist es ähnlich. Kürze ist kein Ausdruck von Unhöflichkeit oder Desinteresse. Sie können deshalb getrost die Kurzform anwenden.

Ausgewählte Worte, beigefügte Zitate und eine persönliche Unterschrift reichen aus. Denn nicht auf die Länge kommt es an, sondern auf den Inhalt. Dies gilt in besonderem Maße für alle anderen Personalbriefe wie Abmahnungen, Kündigungen, Beförderungen und Belobigungen.

Wer der Kurzform mit gewählten und treffenden Worten den Vorzug gibt, der schreibt und handelt ganz im Sinne des One-Page-Managers.

| II. Personalbriefe | **Glückwunsch zur Beförderung**

Schönfeld GmbH
Steinsgarten 8
53638 Bonn

Rolf Blink
Telefon:
Fax:

Stella AG
Herrn Peter Steinacker
Kehlheimerstraße 14
76437 Offenburg

Bonn, den 10. Oktober …

Lieber Herr Steinacker,

als ich von Ihrer Beförderung zum Geschäftsführer der Stella AG hörte, war ich freudig überrascht.

A **Ich kenne Sie seit vielen Jahren als zuverlässigen Partner und Geschäftsfreund unserer Firma. Auch haben Sie mich immer mit Ratschlägen und Empfehlungen unterstützt und mich so vor falschen Entscheidungen bewahrt.**

Privat sind wir uns häufig im Fitnessclub begegnet, und nicht selten haben wir uns hinterher im gegenüberliegenden Café zu einer Plauderei verabredet.

Inzwischen haben wir uns etwas aus den Augen verloren, denn ich habe die Abteilung gewechselt und bin jetzt für den Bereich Rechnungswesen und Controlling verantwortlich.

Nun wird Sie Ihre neue Aufgabe herausfordern, zugleich aber auch Möglichkeiten der beruflichen Entfaltung bieten. Da sind Sie der richtige Mann am richtigen Platz. Ich bin überzeugt, dass die Firma Stella AG keine bessere Wahl treffen konnte.

A Die Rückbesinnung auf persönliche und private Begegnungen nimmt einen viel zu breiten Raum ein.

| II. Personalbriefe | **Glückwunsch zur Beförderung**

B Ferner sprechen Ihre glänzende berufliche Karriere, Ihre Ausbildung in Stuttgart und Düsseldorf sowie Ihr langjähriger Auslandsaufenthalt in den USA sehr für diese Position.

C Werden Sie umziehen? Ich denke, im schönen Schwarzwald lebt es sich auch recht gut. Außerdem ist die Stadt Freiburg in der Nähe, und die Schweiz ist auch nicht weit.

Schade, dass wir uns dann nicht mehr so häufig sehen werden. Vor allem werden mir die gelegentlichen Treffen im Fitnessclub fehlen.

D Hauptsache, Sie fühlen sich in Ihrer neuen Umgebung wohl und können erfolgreich Ihre Arbeit als Geschäftsführer aufnehmen. Pläne und Ziele haben Sie ja genug, wie ich weiß. Davon werden Sie bestimmt einiges erreichen.

Vielleicht haben Sie wieder einmal geschäftlich bei uns zu tun, dann besuchen Sie mich in meinem Büro. Das würde mich freuen.

Ich wünsche Ihnen als Geschäftsführer der Stella AG eine erfolgreiche Zukunft.

Freundliche Grüße nach Offenburg

Rolf Blink

B Wer Geschäftsführer wird, verfügt meist auch über eine entsprechende Qualifikation. Dies bedarf in der Regel keiner besonderen Erwähnung.

C Die Frage nach dem Umzug ist eher belanglos. Auch die touristischen Hinweise sind überflüssig. Herr Steinacker reist nicht als Tourist.

D Floskelhafte Formulierung, deshalb überflüssig.

| **II. Personalbriefe** | **Glückwunsch zur Beförderung**

Schönfeld GmbH
Steinsgarten 8
53638 Bonn

Rolf Blink
Telefon:
Fax:

Stella AG
Herrn Peter Steinacker
Kehlheimerstraße 14
76437 Offenburg

Bonn, den 10. Oktober ...

Lieber Herr Steinacker,

Ihre Beförderung zum Geschäftsführer der Stella AG hat mich sehr gefreut. Ich hörte von einem Kollegen davon, der Kontakte zu Ihrer Firma unterhält. Sofort dachte ich: die richtige Position für Herrn Steinacker. Zu ihm passt der Aufgabenbereich, die Verantwortung, die Firma.

Ich nehme an, Sie werden nach Offenburg umziehen. Schade, dass wir uns dann nicht mehr im Fitnessclub treffen können. Auch die Plauderei im Café war immer eine schöne Ablenkung vom Tagesgeschäft.

Sollten Sie aber einmal geschäftlich bei uns zu tun haben, dann lade ich Sie herzlich zu einem Besuch in meinem Büro ein. Vielleicht können wir uns dann für den Mittag oder Abend verabreden. Das würde mich freuen.

Als Geschäftsführer der Stella AG wünsche ich Ihnen eine erfolgreiche Zukunft.

Freundliche Grüße nach Offenburg
Ihr

Rolf Blink

| II. Personalbriefe | **Dank für Verbesserungsvorschlag**

Strauch und Rawer AG
Breite Gasse 10
90456 Wiesloch

Telefon:
Fax:

Herrn
Ulrich Neugebauer
Frauenfeldgasse 5
90456 Wiesloch

Wiesloch, den 10. April …

Sehr geehrter Herr Neugebauer,

Ihren Verbesserungsvorschlag, den Sie uns vor ein paar Monaten eingereicht haben, haben wir geprüft und können Ihnen heute mitteilen, dass dieser uneingeschränkte Zustimmung gefunden hat und auch umgehend umgesetzt wird.

Durch das neuartige Verfahren haben wir in den Produktionskosten eine Ersparnis von ca. 15 Prozent. Darüber hinaus heben sich unsere Produkte in Form und Gewicht deutlich von den Produkten der Konkurrenz ab. Der Wettbewerbsvorteil liegt auf der Hand.

A **Wir sind von dem Ergebnis selber überrascht und können uns einfach nicht erklären, warum die Spezialisten noch nicht schon längst darauf gekommen sind. Es muss wohl eine Art Betriebsblindheit sein, die solche Innovationen verhindert. Wahrscheinlich ist der Blick von außen doch der bessere, weil unverstellte.**

Die Geschäftsleitung der Strauch und Rawer AG bedankt sich bei Ihnen für diesen herausragenden Vorschlag, der uns in der Entwicklung wieder ein gutes Stück voranbringt.

Wir werden Ihren Vorschlag, der uns so deutliche Verbesserungen bringt, wie ich sie beschrieben habe, natürlich honorieren.

A Eine «Stellungnahme», warum und wieso dieser innovative Vorschlag nicht von den Spezialisten kam, ist überflüssig und dient nur der Spekulation.

| II. Personalbriefe | **Dank für Verbesserungsvorschlag**

Mit einer Prämie von

10 000 Euro

wollen wir Ihnen Dank sagen. Außerdem werden wir in unserem Firmenjournal ausführlich über Ihren Verbesserungsvorschlag berichten und auch bei der nächsten Betriebsversammlung auf Ihren innovativen Vorschlag hinweisen.

B **Dies könnte dann auch ein Ansporn für andere Mitarbeiter sein, Überlegungen und Verbesserungen hinsichtlich des Produktionsprozesses anzustellen.**

C **Wir sind sicher, dass Sie uns auch in Zukunft wieder Vorschläge unterbreiten werden, die nicht nur dem Wohle des Unternehmens dienen, sondern auch zur Absicherung der Arbeitsplätze beitragen.**

Mit bestem Dank für Ihre Unterstützung

Ihr

Eberhard Strauch

B … dies ergibt sich infolge der Firmenpublikationen und der Betriebsversammlung. Darauf muss nicht gesondert hingewiesen werden.

C Die Aufforderung zu neuen Vorschlägen könnte auch zu einer Überforderung des Mitarbeiters führen, der sich nun in die Pflicht genommen sieht und unter Erfolgsdruck steht.

| II. Personalbriefe | **Dank für Verbesserungsvorschlag**

Strauch und Rawer AG
Breite Gasse 10
90456 Wiesloch

Telefon:
Fax:

Herrn
Ulrich Neugebauer
Frauenfeldgasse 5
90456 Wiesloch

Wiesloch, den 10. April …

Sehr geehrter Herr Neugebauer,

mit Ihrem Verbesserungsvorschlag haben Sie breite Zustimmung unter unseren Fachleuten gefunden. Wir werden diesen übernehmen und so bald wie möglich umsetzen.

Durch das neuartige Verfahren können wir bei den Produktionskosten eine Ersparnis von rund 15 Prozent erreichen. Gegenüber der Konkurrenz haben wir in Form und Gewicht unserer Produkte einen deutlichen Vorsprung. Der Wettbewerbsvorteil liegt auf der Hand.

Die Geschäftsleitung bedankt sich bei Ihnen für diesen herausragenden Vorschlag mit einer Prämie von 10 000 Euro. Außerdem werden wir in unserem Firmenjournal darüber berichten und bei der nächsten Betriebsversammlung auf Ihren innovativen Vorschlag hinweisen.

Es freut uns sehr, Mitarbeiter wie Sie, die zum Wohle unseres Unternehmens und zur Sicherung der Arbeitsplätze beitragen, auszuzeichnen.

Mit bestem Dank
Ihr

Eberhard Strauch

| II. Personalbriefe | **Verabschiedung in den Ruhestand**

Arnold Hilfer AG
Kreisstrasse 25
8032 Zürich

Telefon:
Fax:

Herrn
Dr. Klaus Mannes
Aargauer Strasse 131
8034 Zürich

Zürich, den 15. Juni …

Sehr geehrter Herr Dr. Mannes,

in wenigen Tagen werden Sie unser Unternehmen verlassen. Darüber sind wir als Ihre Mitarbeiter und Kollegen ein wenig traurig. Natürlich gönnen wir Ihnen den verdienten Ruhestand und wünschen Ihnen bei der Gestaltung Ihrer freien Zeit eine glückliche Hand.

A **Können Sie sich noch erinnern? Vor dreißig Jahren am … traten Sie in unser Unternehmen ein. Damals wurden Sie von Herrn Eisinger in Ihr Fachgebiet eingeführt. Er sorgte auch dafür, dass Sie bald die Abteilung übernehmen konnten.**

Schon in kurzer Zeit hatten Sie sich eingearbeitet, und Ihre eindrucksvolle Laufbahn konnte beginnen. Dabei spielte Ihre Neigung zu Vertriebs- und Marketingthemen eine besondere Rolle.

Wir verdanken Ihnen gerade auf diesem Gebiet, sehr geehrter Herr Dr. Mannes, entscheidende Impulse zu einer wegweisenden Strategie, die sich in den darauf folgenden Jahren erfolgreich durchgesetzt hat. So war es uns möglich, innerhalb weniger Monate in Südostasien Fuß zu fassen. Heute sind wir in diesem Raum der erfolgreichste Anbieter von SMP-Anlagen.

A Es wird im Rückblick zu weit ausgeholt, dabei können Einzelheiten ausgespart werden, zum Beispiel der Hinweis auf die Einführung und Förderung von Herrn Eisinger. Auch die beruflichen Neigungen von damals nehmen in der Rückschau keine bevorzugte Stellung ein.

| II. Personalbriefe | **Verabschiedung in den Ruhestand**

B **Ihre systematische Arbeitsweise machte es möglich, effiziente Programme zu entwickeln und den Konzernausbau voranzutreiben. Gegenüber der Konzernleitung, der Sie über viele Jahre hinweg mit qualifizierten Konzepten beratend zur Seite standen, zeigten Sie sicheres Fingerspitzengefühl und ein ausgeprägtes Maß an Loyalität.**

Sie haben außerdem an zahlreichen Hauptversammlungen mitgewirkt und Ihr Fachwissen in die Geschäftsberichte einfließen lassen. Für diese Tätigkeit möchte ich Ihnen gerade an dieser Stelle – auch im Namen meiner Vorstandskollegen – Respekt und Dank aussprechen.

C **Wie oft waren Sie zu Gesprächen in unserer Konzernzentrale eingeladen! Immer konnten wir uns auf Ihre aussagefähigen und analytischen Bewertungen verlassen.**

Sie haben im Laufe der Zeit dazu beigetragen, dass unser Unternehmen auch an der Börse gute Notierungen fand. Das Erscheinungsbild unseres Unternehmens hat in der Öffentlichkeit immer eine positive Aufnahme gefunden, wozu Ihre vielfältigen Kontakte zur Presse beitrugen.

Als wir Ihnen im Jahre ... die Gesamtprokura übertrugen, hatten wir damit eine gute Entscheidung getroffen. Denn schon bald war erkennbar, dass Sie Freude an der wachsenden Verantwortung zeigten.

Einige Pläne und Aktivitäten, die Sie zielstrebig verfolgten, führten dazu, dass unser Unternehmen auch in anderen Bereichen expandierte und wir heute über ein gesundes Fundament verfügen, auf dem innovative Ideen und Konzepte Erfolg haben.

D **Ich hatte immer den Eindruck, lieber Herr Dr. Mannes, dass Ihre Fa-**

B Klingt nach Zeugnis und nicht nach Verabschiedung.

C Das ist nicht ungewöhnlich in einer solchen Position und damit nicht der Rede wert.

D Dieser Abschnitt führt ins Privatleben von Dr. Mannes und kann ausgespart oder verkürzt dargestellt werden.

| II. Personalbriefe | **Verabschiedung in den Ruhestand**

D milie Ihr Lebensmittelpunkt war und die Kraftquelle zu Ihrer beruflichen Tätigkeit.

Im Kreise Ihrer Familie konnten Sie sich entspannen und neue Kräfte für Ihre Arbeit sammeln. Auch war Ihre Familie bereit, einige Umzüge mitzumachen, sich in der jeweils neuen Umgebung einzuleben und Ihnen ein wohnliches Zuhause einzurichten. Als Sie vor ein paar Jahren Ihr Haus am Stadtrand von Zürich kauften, war die Freude für Sie groß. Vielfach sprachen wir über Ihren Hauskauf. Sie unterrichteten mich über Ihre Pläne.

Ich erinnere mich noch gerne an die schönen Sommerfeste in Ihrem Garten. Nun werden Ihnen bald nicht nur die schönen Sommerabende gehören, sondern ganze Tage, Wochen und Jahre.

E **Endlich können Sie Ihren Traum von einem Island-Urlaub verwirklichen, denn dort wollten Sie ja schon immer einmal hin. Ihre Tochter, die, wie Sie mir sagten, auf einen Besuch von Ihnen wartet, darf nun hoffen, wieder einmal Ihren Vater zu sehen. Und vergessen Sie auch bitte nicht Ihre vielen Ehrenämter, Funktionen und Beratertätigkeiten. Sie werden immer ein gefragter Mensch bleiben!**

Bei all den vielen Aufgaben wird Ihnen Ihre Frau gut zureden, dass es nicht zu viel wird und Sie die neue Freiheit auch für Ihr Privatleben nutzen können.

F **Lieber Herr Dr. Mannes, wir werden Ihren Einsatz, Ihr diplomatisches Geschick, Ihre beruflichen und menschlichen Fähigkeiten vermissen. Auch die Mitarbeiter verlieren in Ihnen eine hoch geschätzte Führungspersönlichkeit.**

E Ehrenämter, Funktionen und Beratertätigkeiten, der Island-Urlaub, der Besuch bei der Tochter … dies muss nicht alles aufgezählt werden. Ein Mann wie Dr. Mannes weiß mit seinem Ruhestand umzugehen.

F Wenn das Lob zu dick aufgetragen wird, verliert es an Wirkung und wird zur Floskel.

Ich wünsche Ihnen – in unser aller Namen – einen gesunden, glücklichen Ruhestand. Mögen sich für Sie alle Hoffnungen und Wünsche erfüllen. Und sollten Sie einmal in die Kreisstrasse kommen, schauen Sie bei uns herein. Unsere Türen stehen immer für Sie offen. Ich danke Ihnen und verbleibe mit herzlichem Gruß
Ihr

Arnold Hilfer

| II. Personalbriefe | **Verabschiedung in den Ruhestand**

Arnold Hilfer AG
Kreisstrasse 25
8032 Zürich

Telefon:
Fax:

Herrn
Dr. Klaus Mannes
Aargauer Strasse 131
8034 Zürich

Zürich, den 15. Juni ...

Sehr geehrter Herr Dr. Mannes,

in wenigen Tagen werden Sie unser Unternehmen verlassen. «Endlich ist er da, der ersehnte Ruhestand», werden Sie vielleicht sagen. Wir gönnen Ihnen diesen Ruhestand, obwohl wir ein wenig traurig sind.

Darf ich noch einmal an Ihre steile Karriere in unserem Hause erinnern? Vor dreißig Jahren traten Sie bei uns ein, bauten innerhalb kürzester Zeit die Vertriebs- und Marketingabteilung auf und entwickelten wegweisende Strategien für die Zukunft.

Heute sind wir der erfolgreichste Anbieter von SMP-Anlagen in Südostasien. Das haben wir Ihnen und Ihrem Team zu verdanken.

Vor ein paar Jahren wurde Ihnen die Gesamtprokura erteilt. Damit ging für Sie ein lang gehegter Wunsch in Erfüllung.

Aber auch als Berater für den Konzernvorstand haben Sie sich hervorgetan. Ihr Fachwissen wurde geschätzt, Ihre Ratschläge angenommen und ausgeführt. Das Unternehmen hat heute eine Spitzenstellung unter den SMP-Anbietern erreicht. Auch das ist Ihr Verdienst.

Lieber Herr Dr. Mannes, ein Mann mit Ihren beruflichen und menschlichen Fähigkeiten bleibt nicht stehen. Er sucht sich neue Aufgaben

---

Ausnahmsweise eine Zwei-Seiten-Fassung.

| II. Personalbriefe | **Verabschiedung in den Ruhestand**

und Ziele. Und – er hat eine Frau an seiner Seite, die diesen neuen Lebensabschnitt begleitet.

Ich wünsche Ihnen – auch im Namen meiner Vorstandskollegen – einen gesunden und glücklichen Ruhestand.

Mit herzlichem Gruß
Ihr

Arnold Hilfer

| II. Personalbriefe | **Anerkennungsbrief**

Steinmüller & Reuter GmbH
Daimler-Benz-Str. 27
70456 Stuttgart

Telefon:
Fax:

Herr
Ulrich Huber
Seisgasse 3
70559 Stuttgart

Stuttgart, den 7. August …

Sehr geehrter Herr Huber,

A immer wieder höre ich von unserem Kundenservice-Leiter Herrn Schreier, wie engagiert und freundlich Sie mit unseren Kunden umgehen. Heute habe ich den Brief eines Kunden erhalten, der genau diese Fähigkeiten beschreibt und Sie in den höchsten Tönen lobt. Dieser Kunde lobt Ihre Sachkompetenz und Ihr freundliches Auftreten.

B Ich bin darüber natürlich sehr erfreut und würde mir von allen Mitarbeitern dieses Kundenverhalten wünschen. Denn nur so ist es uns möglich, Stammkunden zu gewinnen und an unser Unternehmen zu binden. Darüber hinaus brauchen wir auch kompetente und talentierte Mitarbeiter, die auf Kundenkritik und Kundenwünsche eingehen. Dies haben Sie in bester Weise vorgeführt.

C Bei der Durchsicht Ihrer Personalunterlagen ist mir aufgefallen, dass Sie regelmäßig an Verkaufsschulungen teilgenommen haben. Auch an firmenspezifischen Kursen haben Sie mit Erfolg teilgenommen. Die Früchte dieser Fortbildungsmaßnahmen können Sie heute ernten.

A Das Lob lässt sich auch kürzer und prägnanter ausdrücken.

B … solche Mitarbeiter braucht wohl jedes Unternehmen!

C Die «Personalunterlagen» sind in diesem Falle unnötig, da es sich um eine Belobigung handelt. «Die Früchte dieser Fortbildungsmaßnahmen …» klingt oberlehrerhaft und nicht mehr zeitgemäß.

| II. Personalbriefe | **Anerkennungsbrief**

Wir werden Ihnen auch künftig Kurse und Seminare anbieten, die hoffentlich Ihr Interesse finden werden. Selbstverständlich stehen Ihnen auch die Angebote unserer Partner zur Verfügung, die Sie unter Absprache mit Herrn Schreier gerne besuchen können. Meine Sekretärin, Frau Holzhausen, werde ich anweisen, Ihnen das neue Buch von Eberhard Linke, «Erfolgreich Kundengespräche führen», zuzusenden. Eberhard Linke ist ein renommierter Sachbuchautor, der bereits zahlreiche Bücher zum Thema «Kundenbindung» publiziert hat. Vielleicht können Sie daraus einige professionelle Tipps übernehmen und in Ihre Arbeit integrieren.

Mit den besten Wünschen

Ihre Petra Steinmüller
– Geschäftsleitung –

| II. Personalbriefe | **Anerkennungsbrief**

Steinmüller & Reuter GmbH
Daimler-Benz-Str. 27
70456 Stuttgart

Telefon:
Fax:

Herr
Ulrich Huber
Seisgasse 3
70559 Stuttgart

Stuttgart, den 7. August …

Sehr geehrter Herr Huber,

heute erreichte mich ein Kundenbrief, der Sie lobend erwähnte. Auch von Herrn Schreier, dem Kundenservice-Leiter, hörte ich von Ihrem engagierten und freundlichen Umgang mit unseren Kunden.

Ich freue mich über diese Resonanz, denn der Erfolg des Unternehmens ist von dem Einsatz seiner Mitarbeiter abhängig. Sie tragen mit Ihrem Beispiel zu diesem Erfolg bei. Ich möchte Ihnen dazu gratulieren.

Als kleine Anerkennung für Ihr Engagement sende ich Ihnen das neue Buch von Eberhard Linke, «Erfolgreich Kundengespräche führen», zu.

Vielleicht können Sie mit den professionellen Tipps und Ratschlägen etwas anfangen … Jedenfalls wünsche ich Ihnen viel Lesespaß!

Mit freundlichen Grüßen

Petra Steinmüller
– Geschäftsleitung –

| II. Personalbriefe | **Gratulation zum 50. Geburtstag**

Blumfeld AG
Finkenwerderstraße 17
20348 Hamburg

Telefon:
Fax:

Herrn
Manfred Gerhardt
Stralsunder Weg 33
24561 Wedel

Hamburg, den 23. März …

Lieber Herr Gerhardt,

als stolzer Segler, der schon auf zahlreichen Meeren unterwegs war, der weiß, was Windstille und stürmische See ausrichten können, gratuliere ich Ihnen heute zu Ihrem 50. Geburtstag. Mit Ihrem Segler «Seemöve» haben Sie nicht nur die Meere bezwungen, Sie haben sich damit auch einen Lebenstraum erfüllt.

A **Das Abenteuer, so erzählten Sie mir einmal, würde Sie stets aufs Neue reizen. Schon als junger Mann hatten Sie diesen Traum gehabt, mussten aber aus finanziellen Gründen darauf verzichten. Die Schule und das anschließende Studium der Betriebswirtschaftslehre nahmen Ihre ganze Zeit in Anspruch. Nur in den Ferien war es Ihnen möglich, Segellehrgänge zu besuchen und erste Erfahrungen auf See zu sammeln.**

Als Sie schon fest im Berufsleben «verankert» waren und sich eine gut dotierte Position erobert hatten, war es Ihnen möglich, ein Segelboot zu erwerben. Ich kann mich noch gut daran erinnern, als Sie mir vom Kauf des Seglers berichteten. Einmal hatte ich sogar Gelegenheit, ein wenig Seeluft zu schnuppern, als wir von Kiel nach Oslo segelten. Es ging dabei ganz schön rauf und runter, aber immer behielten Sie die Ruhe, den Überblick, die Kontrolle. Sicher liefen wir schließlich in den Hafen von Oslo ein.

A   Wünsche und Träume haben wir in jungen Jahren alle: zu langer Rückblick auf die Jugendjahre von Herrn Gerhardt.

| II. Personalbriefe | **Gratulation zum 50. Geburtstag**

Nicht anders haben Sie Ihren Berufsweg gestaltet und stets das Ziel vor Augen gehabt.

B

Nach kurzem Aufenthalt in den USA und Großbritannien, wo Sie zwei Praktika absolvierten, kamen Sie zu uns ins Unternehmen. Gleich am Anfang setzten wir große Erwartungen in Sie. Tatsächlich erreichten Sie die gesteckten Ziele mit Bravour. Rasch vollzog sich Ihr Aufstieg bis in die Abteilungsleiterebene.

So haben Sie auch vor den größten Stürmen nicht kapituliert, sondern sind mutig vorwärts geschritten. Ja, die Umstrukturierungen in unserem Unternehmen haben Kraft, Zeit und Geld gekostet. Sie waren ganz besonders von den Maßnahmen betroffen und mussten Ihre Mitarbeiter darauf einstellen und sie für die neuen Herausforderungen gewinnen. Beides ist Ihnen gelungen. Heute steht die Blumfeld AG besser da denn je. Einen guten Anteil an diesem Erfolg haben auch Sie, lieber Herr Gerhardt.

Machen Sie auch weiterhin Ihren Mitarbeitern Mut. Gehen Sie auch weiterhin mit uns auf Erfolgskurs. Unser Unternehmen braucht solche Kapitäne wie Sie.

Mit herzlichen Grüßen aus Hamburg

Ihr

Norbert Klein

B Die Ausbildungs- und Aufstiegsphase darf zwar im Lebenslauf nicht fehlen, muss aber im Glückwunschschreiben zum 50. Geburtstag nicht unbedingt dargelegt werden.

| II. Personalbriefe | **Gratulation zum 50. Geburtstag**

Blumfeld AG
Finkenwerderstraße 17
20348 Hamburg

Telefon:
Fax:

Herrn
Manfred Gerhardt
Stralsunder Weg 33
24561 Wedel

Hamburg, den 23. März …

Lieber Herr Gerhardt,

wenn ich Ihnen heute zu Ihrem 50. Geburtstag gratuliere, meine ich nicht nur den loyalen Mitarbeiter, sondern auch den stolzen Segler, der schon auf vielen Meeren unterwegs war und weiß, was Windstille und stürmische See ausrichten können.

Mit Ihrem Segler «Seemöve» haben Sie sich auch einen Lebenstraum erfüllt. Einmal hatte ich sogar Gelegenheit, ein wenig Seeluft zu schnuppern, als wir von Kiel nach Oslo segelten. Es ging dabei ganz schön rauf und runter, aber immer behielten Sie die Ruhe und die Kontrolle. Sicher liefen wir in Oslo ein.

Sie haben auch im Beruf vor den größten Stürmen nicht kapituliert, sondern sind mutig vorwärts geschritten. Ja, die Umstrukturierungen in unserem Unternehmen haben Kraft, Zeit und Geld gekostet. Sie waren ganz besonders von den Maßnahmen betroffen und mussten Ihre Mitarbeiter für die neuen Herausforderungen gewinnen. Das ist Ihnen gelungen. Heute steht die Blumfeld AG besser da denn je. Einen guten Anteil an diesem Erfolg haben auch Sie, lieber Herr Gerhardt. Gehen Sie auch weiterhin mit uns auf Erfolgskurs. Unser Unternehmen braucht solche Kapitäne wie Sie.

Mit herzlichen Grüßen aus Hamburg

Ihr Norbert Klein

| II. Personalbriefe | **Stellengesuch**

FAMA AG
Lörracherstrasse 5
4056 Basel
Schweiz
Telefon:
Fax:

Stellengesuch

Als weltweit engagiertes Unternehmen in den Geschäftsbereichen Bio-Lebensmittel und Bio-Arzneimittel beschäftigen wir rund 12 000 MitarbeiterInnen.

A Im Laufe der letzten Jahre haben wir bei unseren Produkten hohe Zuwachsraten verzeichnen können. Dieser Erfolg ist in hohem Maße der Grundlagenforschung zuzurechnen. In unseren Labors arbeiten weltweit anerkannte und hoch spezialisierte Mitarbeiter, denen wir unsere Produktinnovationen verdanken. Forschung und Entwicklung sind für uns deshalb keine leeren Begriffe, sondern entscheidende Faktoren unseres Erfolgs.

Um diesen Erfolgskurs weiter auszubauen, suchen wir für den Bereich

Öffentlichkeitsarbeit
einen Referenten/eine Referentin.

Zu Ihren Aufgaben zählen die Erscheinung des Unternehmens in der Öffentlichkeit, die Kommunikation mit der Werbeabteilung, der Fach- und Wirtschaftspresse, und nicht zuletzt die Zusammenarbeit mit der

---

A Der Bezug auf die Grundlagenforschung, die weltweit anerkannten und hoch spezialisierten Mitarbeiter, die Forschung und Entwicklung im Unternehmen ist in dieser Stellenausschreibung unnötig. Schließlich wird kein Chemiker gesucht, sondern ein Referent für die Öffentlichkeitsarbeit.

II. Personalbriefe | **Stellengesuch**

Geschäftsleitung. Da wir ein weltweit agierender Konzern sind, ist die Kommunikation zu den anderen Unternehmensgruppen besonders wichtig.

Hier ist es unerlässlich, über Fremdsprachenkenntnisse zu verfügen; vorzugsweise der englischen Sprache in Wort und Schrift. Der Aufgabe wird der Bewerber/die Bewerberin am besten als erfahrener Journalist gerecht. Erfahrungen in der industriellen Öffentlichkeitsarbeit sind von Vorteil.

B **Da die Tätigkeit auch den redaktionellen Teil umfasst, werden von dem Referenten/der Referentin viel Fingerspitzengefühl, Fachwissen und journalistische Kenntnis erwartet.**

Die Arbeit des Referenten/der Referentin wird von einem professionellen Team unterstützt.

Neben einem attraktiven Gehalt bieten wir vorbildliche Sozialleistungen, Weiterbildungsmaßnahmen und Auslandsaufenthalte an.

Bitte senden Sie Ihre aussagefähigen Bewerbungsunterlagen an die Personalabteilung unseres Stammhauses in Basel:

FAMA AG
Personalabteilung
Lörracherstrasse 5
4056 Basel
Schweiz

B Zur Tätigkeit eines Referenten der Öffentlichkeitsarbeit gehört natürlich auch der redaktionelle Teil. Dass dabei viel Fingerspitzengefühl, Fachwissen und journalistische Erfahrung gefragt sind, versteht sich von selbst.

| II. Personalbriefe | **Stellengesuch**

FAMA AG
Lörracherstrasse 5
4056 Basel
Schweiz
Telefon:
Fax:

Stellengesuch

Als weltweit engagiertes Unternehmen in den Geschäftsbereichen Bio-Lebensmittel und Bio-Arzneimittel beschäftigen wir rund 12 000 MitarbeiterInnen. Hohe Zuwachsraten in fast allen Produktionsbereichen bestärken uns in der Absicht, Marktführer in diesen Segmenten zu werden. Wir suchen für den Bereich

Öffentlichkeitsarbeit
einen Referenten/eine Referentin.

Zu Ihren Aufgaben zählen die Darstellung unseres Unternehmens in der Öffentlichkeit, der Kontakt zur Fach- und Wirtschaftspresse sowie zur Geschäftsleitung. Dabei unterstützt Sie ein professionelles Team. Da Sie auch engen Kontakt zu unseren ausländischen Partnern haben werden, sind Fremdsprachenkenntnisse unerlässlich. Englisch setzen wir deshalb in Wort und Schrift voraus. Eine journalistische Ausbildung und Erfahrung in der industriellen Öffentlichkeitsarbeit sind von Vorteil. Es erwarten Sie ein attraktives Gehalt, vorbildliche Sozialleistungen, Weiterbildungsmaßnahmen sowie Auslandsaufenthalte.

Für weitere Informationen steht Ihnen Frau Heberlein unter der Tel.-Nr.: ... zur Verfügung. Ihre aussagekräftigen Bewerbungsunterlagen senden Sie bitte an:

FAMA AG, Personalabteilung, Lörracherstrasse 5, 4056 Basel, Schweiz

| II. Personalbriefe | **Abmahnung**

Ahrens & Loop GmbH
Kreisstraße 19a
50367 Köln

Peter Leister
Telefon:
Fax:

Herrn
Erwin Schuster
Rentgasse 23
50398 Köln

Köln, den 5. April …

Betr.: Abmahnung wegen unrichtiger Berichterstattung

Sehr geehrter Herr Schuster,

wir konnten nun schon zum wiederholten Male feststellen, dass Sie uns eine Berichterstattung mit unrichtigen Angaben zugeschickt haben. Die von Ihnen gemachten Angaben stimmen mit unseren Zahlen nicht überein. Wir haben deshalb eine externe Prüfung vornehmen lassen, die zu dem gleichen Resultat kam.

Für den Zeitraum 1.5.–15.6. meldeten Sie uns einen Abverkauf von 934 Stück (lt. Prüfbericht waren es aber nur 656 Stück).
Für den Zeitraum 15.7.–1.8. meldeten Sie uns einen Abverkauf von 1076 Stück (lt. Prüfbericht waren es aber nur 725 Stück).
Für den Zeitraum 16.7.–15.8. betrug Ihren Angaben zufolge der Abverkauf 530 Stück (lt. Prüfbericht waren es aber nur 296 Stück).

Wir hatten uns bei unserem letzten Gespräch darüber unterhalten und vereinbart, dass Sie uns künftig zuverlässige und genaue Angaben zu den Stückzahlen machen.

A **Damals nannten Sie uns als Grund für die ungenauen Zahlen, dass es die Kollegen genauso machen, also nur sporadisch kontrollieren**

A Die Einwände und Ausflüchte von Herrn Schuster sind haltlos und müssen nicht wiederholt werden. Fakt ist: Die Angaben von Herrn Schuster stimmen nicht mit den Zahlen seiner Firma überein.

| II. Personalbriefe | **Abmahnung**

und erfassen. Außerdem würden wir es dem Verkäufer überlassen, wie der Bericht zu verfassen sei.

Dies ist nicht richtig. Wir haben in Einzelgesprächen mit den Verkäufern immer wieder auf eine genaue Erfassung der Stückzahlen hingewiesen.

B **Die Zahlen müssen einer Prüfung standhalten. Jegliche Art von Korrekturen muss mit dem Vertriebsleiter abgesprochen werden. Außerdem sind diese der Geschäftsleitung vorzulegen.**

Wir können unrichtige Angaben in den Berichterstattungen nicht hinnehmen, da diese zu einer falschen Einschätzung in unserer Vertriebspolitik führen und das Jahresergebnis verfälschen.

Wir fordern Sie hiermit auf, in Ihrer Berichterstattung nur Angaben aufzunehmen, die nachvollziehbar sind und der Wahrheit entsprechen. Bei erneuter Zuwiderhandlung behalten wir uns arbeitsrechtliche Konsequenzen bis hin zur fristlosen Kündigung vor.

Mit freundlichen Grüßen

Peter Leister

B … natürlich müssen die Zahlen einer Prüfung standhalten! Und außerdem wurde Herr Schuster eingehend über die Vorgehensweise von «Korrekturen» informiert. Dies bedarf keiner besonderen Hervorhebung.

| II. Personalbriefe | **Abmahnung**

Ahrens & Loop GmbH
Kreisstraße 19a
50367 Köln

Peter Leister
Telefon:
Fax:

Herrn
Erwin Schuster
Rentgasse 23
50398 Köln

Köln, den 5. April …

Betr.: Abmahnung wegen unrichtiger Berichterstattung

Sehr geehrter Herr Schuster,

wir haben wiederholt feststellen müssen, dass die Angaben in Ihrer Berichterstattung unrichtig sind. Eine externe Prüfung kam zu dem gleichen Ergebnis. Sie meldeten uns für den Zeitraum:
1.5.–15.6. … einen Abverkauf von 934 Stück
(lt. Prüfbericht 656 Stück!),
15.7.–1.8. … einen Abverkauf von 1076 Stück
(lt. Prüfbericht 725 Stück!),
16.7.–15.8. … einen Abverkauf von 530 Stück
(lt. Prüfbericht 296 Stück!).

Bei unserem letzten Gespräch vereinbarten wir, dass Sie uns künftig zuverlässige und genaue Angaben zu den Stückzahlen machen. Dies ist nun wieder nicht geschehen. Wir können die unrichtigen Zahlen nicht mehr hinnehmen, da diese zu einer falschen Vertriebspolitik und zu einem falschen Jahresergebnis führen.

Wir fordern Sie hiermit auf, in Ihren Berichten nur Angaben aufzunehmen, die der Wahrheit entsprechen. Bei erneuter Zuwiderhandlung behalten wir uns arbeitsrechtliche Konsequenzen bis hin zur fristlosen Kündigung vor.

Mit freundlichen Grüßen

Peter Leister

| II. Personalbriefe | **Rücktritt**

Raimund Schell
Schaffhausener Str. 14
8401 Winterthur

Telefon:
Fax:

Unternehmensgruppe UNION AG
Herrn Peter Lissfeld
Sonnenweg 7
8044 Zürich

Winterthur, den 15. November …

Sehr geehrter Herr Lissfeld,

A **wir konnten den Auftrag aus Singapur nicht bekommen, obwohl ich noch vor zwei Wochen persönliche Gespräche mit Mr. Jones geführt hatte. Dabei schöpfte ich alle Möglichkeiten der Vertragsgestaltung aus, um doch noch einen Abschluss herbeizuführen. Leider haben meine Bemühungen nicht den erwünschten Erfolg gebracht.**

Ich bedauere dies sehr, denn ein Großauftrag in dieser Dimension hätte uns erhebliche Wettbewerbsvorteile verschafft und unsere Position auf dem Markt mittelfristig gestärkt.

Aber es ist nicht nur der verloren gegangene Auftrag, der mich in meinen Überlegungen beschäftigt, sondern auch die vielen Termine, Reisen und Meetings im kommenden Jahr. Schon jetzt bin ich an die Grenzen meiner körperlichen Belastbarkeit gestoßen. So was geht an einem nicht spurlos vorüber. Ich habe daher den Entschluss gefasst, meinen Vertrag nicht mehr zu verlängern.

Meine Frau, die mich immer unterstützte, meinte, es wäre jetzt der Zeitpunkt gekommen, die anspruchsvolle Position in jüngere Hände zu geben. Der Nachfolger hat bestimmt die Kraft und die Ausdauer, meine Arbeit fortzusetzen, neue Kontakte zu knüpfen und die bewährten Geschäftsverbindungen auszubauen.

A Die «Niederlage» wird von Herrn Schell einfach zu schwarz geschildert. Man hat den Eindruck, dass es vielleicht doch andere Gründe sein könnten. Und in der Tat: Es sind wohl eher die gesundheitlichen Aspekte und der berufliche Stress, die den Ausschlag geben.

II. Personalbriefe | Rücktritt

Ihm werde ich natürlich beratend zur Seite stehen.

Bei dieser Gelegenheit möchte ich mich für die Unterstützung, die mir immer durch die UNION AG zuteil wurde, recht herzlich bedanken.

B **Wenn ich zurückblicke, wurden doch einige Ziele erreicht und schöne Erfolge realisiert. Ich denke dabei an den Auftrag der Firma Link & Dehner vor zwei Jahren, der uns zusätzliche Kapazitäten eröffnete und uns ein zweites Standbein ermöglichte. Darauf kann man aufbauen.**

Mein Nachfolger wird daher gute Voraussetzungen vorfinden, die Arbeit erfolgreich weiterzuführen. Auch das Team wird mit seinem gewohnten Know-how die Dinge vorantreiben und ihm jegliche Unterstützung gewähren.

C **So gesehen, wird unsere Vertriebsabteilung keine Lücke aufweisen, denn es wird Ihnen bestimmt gelingen, in der noch verbleibenden Zeit einen geeigneten Nachfolger für mich zu finden. Es gibt viele gut ausgebildete Nachwuchskräfte, die auf eine Chance warten.**

Ich möchte mich gerne von Ihnen persönlich verabschieden und hoffe, dass sich bald die Gelegenheit dazu findet.

Mit freundlichen Grüßen

Raimund Schell

B Die Rückbesinnung auf bessere Zeiten ist wahrscheinlich nur ein schwacher Trost für Herrn Lissfeld. Denn der steht jetzt vor der dringlichen Aufgabe, einen geeigneten Nachfolger zu finden. Also lieber weglassen!

C Die «Lücke» könnte doch noch zum Problem werden. Deshalb auch hier Vorsicht mit tröstenden oder floskelhaften Worten (… es gibt viele gut ausgebildete Nachwuchskräfte, die auf eine Chance warten).

II. Personalbriefe | **Rücktritt**

Raimund Schell
Schaffhausener Str. 14
8401 Winterthur

Telefon:
Fax:

Unternehmensgruppe UNION AG
Herrn Peter Lissfeld
Sonnenweg 7
8044 Zürich

Winterthur, den 15. November …

Sehr geehrter Herr Lissfeld,

wie Sie wissen, haben wir den Auftrag aus Singapur nicht erhalten. Trotz meiner intensiven Bemühungen, alle Vertragsmöglichkeiten auszuschöpfen, ist uns kein Durchbruch gelungen. Nach meiner Rückkunft aus Singapur habe ich mich für ein paar Tage zurückgezogen und über meinen zukünftigen Berufs- und Lebensweg nachgedacht.

Ich bin nun zu dem Entschluss gekommen, die anspruchsvolle Position in jüngere Hände zu geben. Ich werde meinen Vertrag nicht mehr verlängern.

Es sind vorrangig gesundheitliche Aspekte, die mich zu diesem Schritt bewogen haben. Sie dürfen versichert sein, dass ich sowohl dem Nachfolger als auch der UNION AG in Zukunft gern beratend zur Seite stehe.

Bei dieser Gelegenheit möchte ich mich für die Unterstützung, die mir stets gewährt wurde, recht herzlich bedanken. Ich möchte mich gerne von Ihnen persönlich verabschieden und hoffe, dass sich bald die Gelegenheit dazu findet.

Mit freundlichen Grüßen

Raimund Schell

| III. Berichte, Protokolle, Fachartikel | **Zur Einführung**

Berichte, Protokolle, Fachartikel, Pressemitteilungen und andere diverse Schriftstücke erfordern etwas mehr Zeit zum Lesen. Doch wer gut informiert sein will, der kommt nicht umhin, sich mit ihnen aufmerksam zu beschäftigen.

Autoren, die solche Schriftstücke verfassen, sollten wissen, dass die freie Zeit ihrer Leser begrenzt ist. Und auch die Aufnahmefähigkeit solcher Texte will beim Anfertigen bedacht sein. Deshalb kommt es ganz besonders auf eine ausgewogene Textökonomie an.

Versetzen Sie sich in die Lage des Lesers, halten Sie sich das Fachpublikum vor Augen. Fragen Sie sich immer wieder, was für diese Leute wichtig ist, was auf keinen Fall fehlen darf, und kommen Sie dann schnell auf den Punkt. Lange Anreden und Einstiegssätze mögen zwar für eine gewisse «Textatmosphäre» sorgen, verhindern aber oft den schnellen Einstieg ins Thema.

Sie müssen sich darüber klar werden, welche Informationen, Daten und Termine notwendig sind und mitgeteilt werden müssen. Verbinden Sie die wichtigsten und markantesten Textstellen durch kurze Verbindungssätze. Schweifen Sie nicht ab. Sortieren Sie die markanten Texte und gewichten Sie diese daraufhin. Nur so können Sie abschätzen, wie lang (bestenfalls wie kurz) Ihre Berichte werden. Und vergessen Sie nie die One-Page-Brille aufzusetzen. Mehr darüber im Kapitel «Abkürzungsstrategien» (ab Seite 135).

Protokolle sollten grundsätzlich nur die wichtigsten Themen, Aussagen und Vereinbarungen enthalten. Nicht selten wird aber versucht, alles unterzubringen, vermeintlich Notwendiges (also eher Überflüssiges) festzuhalten. Dabei geht es ausschließlich nur um die wichtigsten Punkte, Zielsetzungen und Vereinbarungen der Beteiligten.

Abkürzungspotenzial ist vor allem bei Fachartikeln und Pressemitteilungen vorhanden. Das geradezu sprichwörtliche Ausufern von Texten hat in diesem Metier seinen Ursprung.

Redakteure, Autoren und alle anderen Menschen der schreibenden Zunft sind zum Schreiben und nicht zum Kürzen verdammt. So will es uns scheinen. Doch muss man diese Aussage nicht gleich wörtlich nehmen. Beides trifft wohl zu. Nur wer kurze und knackige Texte schreibt, hat eine Chance auf Veröffentlichung. Und – Übung macht den Meister!

Schauen Sie sich deshalb die nachfolgenden Beispiele genauer an. Sie werden entdecken, dass es überall Abkürzungspotenzial gibt.

| III. Berichte, Protokolle, Fachartikel | **Protokoll**

Protokoll – Abteilungsbesprechung am Donnerstag, 8. Januar 2005, um 11.30 Uhr im Raum 102

A Begrüßung:
Herr Maier begrüßte die anwesenden Mitarbeiterinnen und Mitarbeiter zu dieser ersten Abteilungsbesprechung im Jahr 2005 **und wünschte bei dieser Gelegenheit allen Anwesenden im Namen der Geschäftsleitung ein gutes neues Jahr.** Zugleich gab er einen kleinen Rückblick über seine Zeit als Abteilungsleiter. Er zog ein durchweg positives Resümee trotz der Rationalisierungsmaßnahmen, die es zu bewältigen galt.

B **Er nannte dabei Höhen und Tiefen seiner Arbeit und verwies dabei auf die Unterstützung seiner Mitarbeiterinnen und Mitarbeiter. Er bedankte sich zudem ausdrücklich für die gute Zusammenarbeit mit den Abteilungen der Ebene 4 und der Ebene 5. Besonders die Gespräche mit den Fachkollegen dieser Abteilungen hätten zu neuen Konzeptentwicklungen geführt. Er erinnerte auch an manche Veränderungen personeller Art, insbesondere an kranke und verstorbene Mitarbeiter, die teilweise schon länger im Unternehmen beschäftigt waren.**

Er verabschiedete sich als Leiter der Abteilung II und stellte sich gleichzeitig als neuer Leiter der Stabsstelle vor. In dieser Funktion, in die er vom Vorstand zum 01.01.2005 berufen wurde, ist er nun für alle Abteilungen zuständig.

C **Herr Maier wird deshalb auch in Zukunft ein Ansprechpartner für alle Mitarbeiterinnen und Mitarbeiter der Abteilung II sein. Er hofft deshalb auch in Zukunft auf eine gute Zusammenarbeit.**

A Glückwünsche sprach er bereits zu Anfang des Jahres aus.
B Der «kleine Rückblick» fällt deutlich länger aus.
C … ein Versprechen, das möglicherweise nicht eingehalten werden kann.

| III. Berichte, Protokolle, Fachartikel | **Protokoll**

Vorstellung des neuen Abteilungsleiters:
Anschließend stellte sich Herr Siegfried Ullmer vor: Er ist 39 Jahre alt, verheiratet und hat einen Sohn von 14 Jahren. **Herr Ullmer wohnt in einem kleinen Ort im Vordertaunus, ganz in der Nähe von Frankfurt/Main.** Nach dem Abitur **in seiner Heimatstadt Wiesbaden** und dem Wehrdienst **in einer Kaserne in Bayern** absolvierte er ein dreijähriges Studium an der Verwaltungsfachhochschule Wiesbaden, das er als Diplom-Verwaltungsfachwirt abschloss. Anschließend war er bis ins Jahr 1992 in den Zentralverwaltungen der Johann-Wolfgang-Goethe-Universität in Frankfurt sowie des Hessischen Ministeriums für Wissenschaft und Kunst in Wiesbaden als Sachbearbeiter für Beschaffungswesen, Haushalts- und zuletzt Personalangelegenheiten tätig. **Auch von den Arbeitsbereichen in anderen Abteilungen konnte sich während dieser Zeit Herr Ullmer ein Bild machen. So hat er sich im Laufe seiner verantwortungsvollen Tätigkeit beim Hessischen Ministerium für Wissenschaft und Kunst vielfältiges Wissen erworben.**

Im Herbst 1992 nahm Herr Ullmer an der Universität Frankfurt das Studium der Betriebswirtschaftslehre auf. Dieses zweite Studium beendete er als Diplom-Kaufmann. Im Anschluss daran war er an der Hochschule für Bankwirtschaft, einer privaten Fachhochschule der Bankakademie e. V. in Frankfurt, als Referent der Geschäftsführung tätig. **Auch hier hatte er sich vielfältigen und verantwortungsvollen Aufgaben zu stellen.**

Von 1997 bis zu seinem Eintritt in unseren Konzern am 01.01.2005 bekleidete Herr Ullmer die Funktion des Abteilungsleiters der Firmengruppe Maxend AG in Offenbach, bestehend aus den Sachgebieten Finanz- und Rechnungswesen.

Seinen Arbeits- und Führungsstil beschrieb er mit Transparenz, Ehrlichkeit und Offenheit. Gerade im Hinblick auf die noch zu leistenden

---

D   Unwesentliche Informationen!
E   Für einen angehenden Abteilungsleiter wohl selbstverständlich …
F   Auch dies bedarf keiner weiteren Erwähnung.

| III. Berichte, Protokolle, Fachartikel | **Protokoll**

G Veränderungen **und Weichenstellungen für die Zukunft unseres Konzerns** seien ihm faire Bedingungen ebenso wichtig wie eine motivierende Mitarbeiterschaft. Dazu und besonders in der Anfangszeit seiner Tätigkeit wird er verstärkt das Gespräch mit den Mitarbeiterinnen und Mitarbeitern in den einzelnen Abteilungen suchen.

H Herr Ullmer erklärte, dass seine Tür für die Belange der Mitarbeiterschaft offen stehe **und er jederzeit ein Ansprechpartner bleibe.** Die Besprechung wurde gegen 12.30 Uhr beendet, nachdem keine Fragen aus der Mitarbeiterschaft gestellt wurden.

So nicht!

G Möglicherweise werden Versprechungen abgegeben, die nicht eingehalten werden können. Vorsicht vor Superlativen und Ankündigungen!

H Auch ein Versprechen, das Herr Ullmer vielleicht nicht einhalten kann. Dann ist die Enttäuschung bei den Mitarbeitern groß.

III. Berichte, Protokolle, Fachartikel | **Protokoll**

*Abteilungsbesprechung am Donnerstag, 8. Januar 2005,
um 11.30 Uhr, im Raum 102*

Begrüßung
Herr Maier begrüßte die Anwesenden zu dieser ersten Abteilungsbesprechung im Jahr 2005. Zugleich gab er einen kleinen Rückblick über die Zeit seiner Vorstellung als Abteilungsleiter. Er zog ein durchweg positives Resümee trotz der Rationalisierungsmaßnahmen, die es zu bewältigen galt. Er verabschiedete sich als Leiter der Abteilung II und stellte sich gleichzeitig als neuer Leiter der Stabsstelle vor. In dieser Funktion, in die er vom Vorstand zum 01.01.2005 berufen wurde, ist er nun für alle Abteilungen zuständig.

Vorstellung des neuen Abteilungsleiters
Anschließend stellte sich Herr Siegfried Ullmer vor: Er ist 39 Jahre alt, verheiratet und hat einen Sohn von 14 Jahren. Nach Abitur und Wehrdienst absolvierte er ein dreijähriges Studium an der Verwaltungsfachhochschule in Wiesbaden, das er als Diplom-Verwaltungsfachwirt abschloss. Anschließend war er bis 1992 in den Zentralverwaltungen der Johann-Wolfgang-Goethe-Universität sowie des Hessischen Ministeriums für Wissenschaft und Kunst in Wiesbaden als Sachbearbeiter für Beschaffungswesen, Haushalts- und zuletzt Personalangelegenheiten tätig.

Im Herbst 1992 nahm Herr Ullmer an der Universität Frankfurt ein zweites Studium der Betriebswirtschaftslehre auf. Dieses beendete er als Diplom-Kaufmann. Danach war er an der Hochschule für Bankwirtschaft, einer privaten Fachhochschule der Bankakademie e.V. in Frankfurt, als Referent der Geschäftsleitung tätig. Von 1997 bis zu seinem Eintritt in unseren Konzern am 01.01.2005 bekleidete Herr Ullmer die Funktion des Abteilungsleiters der Firmengruppe Maxend AG in Offenbach, bestehend aus den Sachgebieten Finanz- und Rechnungswesen. Seinen Arbeits- und Führungsstil beschrieb er mit Transparenz, Ehrlichkeit und Offenheit. Besonders in der Anfangszeit seiner Tätigkeit wird er verstärkt das Gespräch mit den Mitarbeitenden in den einzelnen Abteilungen suchen.

| III. Berichte, Protokolle, Fachartikel | **Protokoll**

Die Besprechung wurde gegen 12.30 Uhr beendet, nachdem keine Fragen aus der Mitarbeiterschaft gestellt wurden.

| III. Berichte, Protokolle, Fachartikel | **Jahresbericht**

MHT – Hotels für Manager Im Januar …
Hotelkooperation GmbH – Berlin
Raimund Singer

An die Mitglieder des Verbandes «Hotels für Manager»
Jahresbericht der MHT-Hotelkooperation GmbH

Sehr geehrte Damen und Herren,

A mit Optimismus und neuem Elan haben wir das Jahr … begonnen. Im vergangenen Jahr hatten wir uns viel vorgenommen, wollten neue Trends ausprobieren und neue Werbestrategien erproben. Wenn auch nicht alles erreicht werden konnte, so sind wir doch ein gutes Stück vorangekommen.

B Zu den bestehenden 23 Hotels sind 7 weitere Hotels hinzugekommen. Unser Verband verfügt nun über 30 Hotels im deutschsprachigen Raum, die sich speziell der Klientel der Manager annehmen. Alle Häuser verfügen über Seminar- u. Tagungsräume, ausreichende Parkplatzangebote und ein Office-Büro. Die Hotelzimmer verfügen über einen Arbeitsschreibtisch mit Internet-Anschluss.

C Auch aus dem Gastronomiebereich gibt es Neues zu berichten. So haben wir unser Angebot «Leichte Kost für Manager» erweitert und bieten in allen Hotels ein entsprechendes Angebot an. Unsere Gäste wissen inzwischen diesen Service zu schätzen, sie sind überzeugt von der leichten Küche. Der gesundheitliche Aspekt bekommt damit eine zunehmend hohe Bedeutung.

A Der Aus- und Rückblick ist etwas zu floskelhaft und sentimental.

B Der Verweis auf die Klientel und die Ausstattung der Hotels birgt für Kooperationspartner eigentlich keine Neuigkeiten.

C Ein kurzer Hinweis auf die «Leichte Kost für Manager» würde genügen, stattdessen wird viel zu ausführlich über diesen Trend berichtet.

Gleichermaßen haben wir im Fitnessbereich unser Angebot erweitert und für alle Hotels unserer Kooperation neue Sportgeräte angeschafft. Auch diese Geräte haben bei unseren Gästen Zuspruch gefunden. Wir folgen damit bewusst dem Trend zu gesunder Ernährung und sportlicher Aktivität. Unsere Getränkeangebote an den Bars beinhalten nun auch Fitness-Cocktails und viele andere alkoholfreie Getränke. Immer öfter wird nach diesen Getränken gefragt.

Inzwischen haben sich die MHT-Hotels zu einer modernen, leistungsfähigen Hotelkooperation entwickelt. Durch gezielte Werbemaßnahmen ist es uns gelungen, die Anzahl der Kundenkontakte zu verdoppeln. Trotzdem konnten wir im Marketingbereich Einsparungen von mehr als 30T Euro erzielen. Wir sind mit unseren Maßnahmen und Aktionen wieder im Gespräch mit unseren Gästen.

An den Übernachtungszahlen lässt sich der Erfolg am deutlichsten ablesen. Wir haben gegenüber dem Vorjahr einen Zuwachs von 15 Prozent. Dadurch hat sich die Finanzsituation seit Bestehen der GmbH vor sieben Jahren verbessert.

D **Unseren Sparkurs wollen wir weiter fortsetzen, dabei aber nicht auf eine qualifizierte Mitarbeiterausbildung verzichten. Gerade der Service-Bereich liegt uns am Herzen, denn unsere Mitarbeiter sind besonders auf die Bedürfnisse unserer Gäste geschult. Daran wollen wir festhalten und das Schulungsprogramm verstärken. So haben wir für das neue Jahr eine Reihe von Schulungskonzepten entwickelt, die wir in verschiedenen Städten durchführen wollen.**

Wir freuen uns über das Erreichte, wollen aber noch besser werden und gemeinsam die vor uns vorliegenden Aufgaben lösen.

Wir wünschen Ihnen ein gutes neues Jahr.
Ihre MHT-Hotels für Manager GmbH

Raimund Singer

D Zur Qualitätssicherung im Service-Bereich genügt ein kleiner Hinweis.

| III. Berichte, Protokolle, Fachartikel | **Jahresbericht**

MHT – Hotels für Manager
Hotelkooperation GmbH – Berlin
Raimund Singer

Im Januar …

An die Mitglieder des Verbandes «Hotels für Manager»
Jahresbericht der MHT-Hotelkooperation GmbH

Sehr geehrte Damen und Herren,

das vorangegangene Jahr haben wir erfolgreich beenden können. Neben den bestehenden 23 Hotels sind 7 weitere Hotels hinzugekommen. Es ist uns gelungen, neue Trends (u. a. «Leichte Küche für Manager») erfolgreich einzuführen, neue Werbestrategien auszuprobieren und unser Personal optimal zu schulen.

Durch gezielte Werbemaßnahmen haben wir die Kundenkontakte verdoppeln können – und das bei Einsparungen um ca. 30T Euro. Dies hat auch zu einer entspannten Finanzsituation beigetragen. Die Übernachtungszahlen konnten wir gegenüber dem Vorjahr um 15 Prozent steigern. Diesen Erfolg wollen wir mit Ihnen ausbauen.

In der Fach- und Wirtschaftspresse erscheinen Artikel über unsere Hotels, und bei den großen Unternehmen und Wirtschaftsverbänden steht unser Name hoch im Kurs. Wir sind bei unseren Kunden wieder im Gespräch. Alle Anzeichen deuten auf ein weiteres gutes Geschäftsjahr hin.

Wir wünschen Ihnen für das kommende Jahr alles Gute.

Ihre MHT-Hotelkooperation für Manager

Raimund Singer

| III. Berichte, Protokolle, Fachartikel | **Pressebericht**

3. Energietage in Musterstadt

Die Energietage in Musterstadt, die nun schon zum dritten Mal stattgefunden haben, verzeichneten auch in diesem Jahr wieder einen Besucherrekord von rund 50000 Gästen. Das entspricht einem Besucherzuwachs von 10 Prozent.

A Auf dem weitläufigen Gelände mit beheizten Zelten – **denn diese sind im Oktober nötig** – wurde zum Thema Heizen alles über Biogas, Erdwärme, Holz und Solarenergie gezeigt. **Sogar das Thema «Windkraft» hatte viele Interessierte von nah und fern angelockt; nicht zuletzt deshalb, weil ein solches Modell auf dem Gelände zu besichtigen war. So kamen auch die Kleinen auf ihre Kosten.**
B

Einen ganz besonderen Akzent setzte man in diesem Jahr mit dem Thema «Erneuerbare Energien». Hierzu konnten versierte Experten gewonnen werden, die für den interessierten Verbraucher Tipps und Ratschläge bereithielten. **Die Expertenrunde stand den Besuchern im Ausstellungszelt «Erneuerbare Energien» von Freitag bis Sonntag jeweils von 09.00 Uhr bis 12.00 Uhr zur Verfügung.**

C

Parallel dazu gab es eine Sonderausstellung zum Thema «Passivhaus» und damit verbunden einen Überblick zu Wärmedämmung, Wärme aus Holz und Altbausanierung. **Auch hier freuten sich die Aussteller über ein reges Besucherinteresse.**

D

Zum Publikumsmagneten wurde ein Musterhaus, das sämtliche Energiespareffekte vorzuweisen hatte und neben der Solarenergie

---

A Belanglose Mitteilung!

B Dieses spezielle Thema muss nicht unbedingt kommentiert werden. Auch der Hinweis auf die Besucher von nah und fern sind unwichtig.

C Wozu werden Uhrzeit und Tag genannt, wenn der Termin schon abgelaufen ist?

D Wiederholung des regen Besucherverkehrs!

| III. Berichte, Protokolle, Fachartikel | **Pressebericht**

E auch über wärmedämmende Baustoffe verfügte. **Ein solches Haus wünschten sich in diesen kühlen Tagen viele Besucher!**

Welche Möglichkeiten alternativer Heizmethoden es sonst noch gibt, darüber konnte man sich im Fachzelt «Bioenergie» erkundigen. Wann rechnet sich der Ersatz der alten Ölheizung durch eine optimal dimensionierte Holzheizung?

Wo können Biogas und Pflanzenöl eingesetzt werden? Fragen dieser Art beantworteten ebenso kompetent wie verständlich die Energieberater und Vertreter der anwesenden Firmen. Aber auch Ingenieure, Handwerker und Heiztechniker lockte es nach Musterstadt. Sie fanden hier neue Ideen, konnten Kontakte knüpfen und Vorträge besuchen. Damit machten sie Musterstadt zu einem Branchentreffpunkt weit über die Stadtgrenzen hinaus.

F **Wie der Koordinator Herr Steinmeier mitteilte, wird es auch im nächsten Jahr wieder «Energietage» geben. Musterstadt hat aber noch größere Pläne. Aus den «Energietagen» soll eine überregionale «Energiemesse» werden. Die Bedingungen dafür sind vorhanden.**

Neben den guten Parkmöglichkeiten, dem innerstädtischen Verkehrsnetz und der nahen Autobahnanbindung sind gute Voraussetzungen gegeben, aus den «Energietagen» eine «Energiemesse» werden zu lassen. Das Hotel- und Gaststättengewerbe sowie die Stadtmarketing GmbH, die hiesigen Behörden und der Einzelhandel, alle ziehen mit am Konzept «Messe». Unterstützung bekommt das Projekt auch durch Land und Bund.

eb.

E Überflüssige Bemerkung!
F Die Pläne der Stadt, aus den Energietagen eine Messe zu entwickeln, lassen sich auch mit wenigen Worten sagen.

| III. Berichte, Protokolle, Fachartikel | **Pressebericht**

3. Energietage in Musterstadt

Die 3. Energietage in Musterstadt verzeichneten auch in diesem Jahr wieder einen Besucherrekord von über 50 000 Gästen. Ob Biogas, Erdwärme, Holz oder Solarenergie, es wurde alles gezeigt und dem interessierten Publikum vorgeführt. Bei einer Expertenrunde konnten sich die Besucher Tipps und Ratschläge holen.

Der Schwerpunkt in diesem Jahr lag im Bereich «Erneuerbare Energien». Auch hier standen die Experten dem Publikum mit Rat und Tat zur Verfügung. Parallel dazu gab es eine Sonderausstellung zum Thema «Passivhaus».

Zum Publikumsmagneten wurde ein Energie-Musterhaus. Das Haus verfügt über alle Energiespareffekte, die zurzeit möglich sind und kostengünstig ein- oder umgebaut werden können.

Welche alternativen Heizmethoden es sonst noch gibt, danach konnte man sich im Fachzelt «Bioenergien» erkundigen.

Fragen zur optimal dimensionierten Holzheizung, zu Biogas oder Pflanzenöl beantworteten die Energieberater der anwesenden Firmen.

Die 3. Energietage wurden für alle Beteiligten wieder zu einem vollen Erfolg. Doch die Stadt hat weitergehende Pläne. Man will aus den «Energietagen» eine überregionale «Energiemesse» machen und so das Profil von Musterstadt schärfen. Land und Bund haben dazu ihre Unterstützung zugesagt.

| III. Berichte, Protokolle, Fachartikel | **Bericht**

75 Jahre Bücher-Schneider

A Der Name «Bücher-Schneider» steht für eine lange Tradition. **Es begann 1927 mit der Gründung einer kleinen Buchhandlung in Wetzikon. In den Jahren 1929 und 1933 entstanden zwei weitere Buchhandlungen in den Nachbarstädten Hinwil und Uster.** Heute zählt die Buchhandelskette «Schöner lesen» 14 Filialen, die in der gesamten deutschsprachigen Schweiz vertreten sind. «Schöner lesen» beschäftigt 136 MitarbeiterInnen, davon 38 in der Verwaltung und im Versandgeschäft.

B **Der besonders kundenfreundliche Service steht im Vordergrund und prägt das Profil der Kette.**

Den Auftrags- und Umsatzrückgang im letzten Jahr hat das Unternehmen durch einen veränderten Marketingauftritt und eine Straffung seines Sortimentes ausgeglichen. Dadurch konnten 10 Mio. Franken Umsatz realisiert werden.

C **Um die wachsenden Ansprüche der Kunden zu befriedigen, wurde in sechs Filialen ein Service-Center eingerichtet. In diesen Service-Centern stehen Mitarbeiter für Bestellaufträge, spezielle Anfragen und Sonderwünsche zur Verfügung. Neu ist die Besorgung/Bestellung von Eintrittskarten zu kulturellen Veranstaltungen. Hierzu zählen auch Kultur-Events in der gesamten Schweiz. Man muss also nicht mehr lange nach Theater- oder Konzertkarten suchen, man bekommt sie ab sofort in den Service-Centern der Buchhand-**

A Die genauen Gründungsdaten der anderen Buchhandlungen müssen nicht genannt werden, es genügt der Hinweis auf das Firmenjubiläum.

B Kundenfreundlichkeit ist noch lange kein Qualitätssiegel. Im Handel zählt Kundenfreundlichkeit zu den Haupttugenden. Eher belanglos.

C Im Einzelnen müssen die Service-Leistungen nicht aufgezählt werden. Es genügt, die Funktion der Center kurz darzustellen. Und das kann mit wenigen Worten geschehen.

| III. Berichte, Protokolle, Fachartikel | **Bericht**

lungen «Schöner lesen». Durch diesen Service verspricht man sich eine höhere Kundenfrequenz in den Filialbetrieben. Daneben ist der Kundenservice breit gefächert: Bücher können innerhalb von 24 Stunden besorgt und ausgeliefert werden. In der Regel kann der Kunde am nächsten Tag sein bestelltes Buch abholen.

Viele neue Produkte ergänzen das klassische Buchsortiment. So wurde in vielen Filialen eine Hörbuch-Ecke eingerichtet. In einigen Filialen gibt es zusätzlich auch ein kleines Lese-Café mit Sitzgelegenheit. Dort können sich die Kunden mit Kalt- und Warmgetränken erfrischen, sie finden dort stets auch ein aktuelles Angebot an Tageszeitungen. Manche Filialen der Kette «Schöner lesen» haben sich auf spezielle Themenbereiche konzentriert. So gibt es Buchhandlungen, die sich auf Gesundheits- und Wellnessliteratur spezialisiert haben, andere bevorzugen eher die Themen Reisen, Kriminal- oder Kinderliteratur.

D **Einige Filialen halten engen Kontakt zu den Schulen, kulturellen Institutionen und städtischen Einrichtungen. Büchertische und gemeinsame kulturelle Veranstaltungen können dadurch aufgebaut und gefördert werden. Die Filialleiter organisieren zudem Autorenlesungen an Schulen, die von den Schülern gerne angenommen werden.**

E **Die Buchhandelskette «Schöner lesen» wird von dem Geschäftsführer Bernhard Schneider repräsentiert, der es sich nicht nehmen lässt, zum 75-jährigen Firmenjubiläum mit den Angestellten persönlich anzustoßen. Für die Kunden gibt es ein Überraschungsgeschenk.**

D Das macht fast jede Buchhandlung vor Ort!

E Den Leser interessiert zunächst, ob es für ihn etwas gibt. Deshalb ist der Hinweis auf den «Umtrunk» nur für die Angestellten interessant.

III. Berichte, Protokolle, Fachartikel | **Bericht**

75 Jahre Bücher-Schneider

Der Name «Bücher-Schneider» steht für eine lange Tradition. Anfänglich waren es nur zwei Buchhandlungen, heute zählt das Unternehmen 14 Filialbetriebe in der deutschsprachigen Schweiz. «Schöner lesen» beschäftigt 136 MitarbeiterInnen, davon sind 38 in der Verwaltung und im Versandhandel tätig.

Trotz Umsatzrückgang im letzten Jahr konnte das Unternehmen 10 Mio. Franken Umsatz realisieren. Ein neuer Marktauftritt machte diesen Erfolg möglich. Um den Service noch zu verbessern, wurden in einigen Filialen Service-Center errichtet. Dort ist man besonders um die Kundenwünsche bemüht. Auch können dort Eintrittskarten zu kulturellen Veranstaltungen erworben werden. Ein Vorzug, den viele Kunden schätzen.

Lese-Cafés mit aktuellem Zeitungsangebot und Hörbuch-Abteilungen machen jeden Besuch zu einem Vergnügen. Einige Buchhandlungen haben sich spezialisiert und bieten ein breites Sortiment an Reise-, Gesundheits-, Kriminal und Kinderliteratur an.

Auf jeden Fall bestimmt die Abwechslung den Aufenthalt in einer der Filialen. Und wer noch in den nächsten Tagen einen Besuch in den Buchhandlungen «Schöner lesen» macht, erhält ein Überraschungsgeschenk.

| III. Berichte, Protokolle … | **Konzept einer Unternehmensberatung**

Unternehmensberatung Amras AG
Leis & Lippert Dr. Walter Zanger
Grüneburgallee 107 Kantstr. 14
20345 Hamburg 10004 Berlin

Frank Lippert
Telefon: Hamburg, den 5. Dezember …
Fax:

Betr.: – Umstrukturierung des Außendienstes –

Sehr geehrter Herr Dr. Zanger,

A schon vor ein paar Monaten hatten Sie uns angekündigt, Umstrukturierungen in Ihrem Außendienst vorzunehmen, um die Fluktuation unter den Außendienstmitarbeitern zu stoppen. Inzwischen haben Sie dieses Ziel erreicht und hoffen nun im kommenden Jahr auf eine Wende.

Zusätzlich baten Sie uns, ein Konzept für den Außendienst auszuarbeiten, das auch kostensenkende Maßnahmen beinhaltet. Dieses Konzept liegt nun vor.

B Ich möchte Ihnen einige wichtige Punkte daraus vorstellen.

Punkt 1 **Es ist von entscheidender Bedeutung, die Aktionen des Außendienstes «Nord» mit den Aktionen des Außendienstes «Mitte» zu verknüpfen.**

A Die umfangreichen Einstiegszeilen nehmen Bezug auf die bisherigen Maßnahmen der Firma Amras und sollten kürzer ausfallen.
B Siehe Kommentar auf Seite 130.

| III. Berichte, Protokolle ... | Konzept einer Unternehmensberatung

B   In der Vergangenheit hat es zu diesem Punkt verschiedene Ansätze gegeben, die aber ohne Erfolg – und mit nur unzureichenden Mitteln – durchgeführt worden sind. Die Ergebnisse blieben unbefriedigend.

C   Punkt 2   Auf Ihren Außendienst-Tagungen wurden immer wieder die Überschneidungen unter den Bezirken H 17 und H 18 bemängelt.
Da bisher nichts daran geändert wurde, waren Doppelbestellungen an der Tagesordnung. Häufig überschnitten sich die Besuchstermine der Vertreter. So kam es immer wieder seitens der Filialleiter zu Rückfragen in der Zentrale. Hier ist zwingend eine Straffung und Neuregulierung des Außendienstes notwendig. Möglicherweise könnte eine Verlagerung der Vertreterbesuche im Bezirk G 16 eine Entlastung bringen (s. Konzept).

D   Punkt 3   Damit es nicht zu Überschneidungen in den einzelnen Bezirken kommt, müssen flexiblere Terminabsprachen unter den Außendienstmitarbeitern angestrebt werden. Dazu ist es erforderlich, eine «Koordinationsstelle» zu schaffen, die in der Lage ist, Termine optimal abzustimmen. Wir haben dazu Pläne ausgearbeitet.

E   Punkt 4   Das durchlässige Kommunikationsnetz erreicht derzeit längst nicht alle Außendienstmitarbeiter. Zeitverzögerungen bei den Informationen und Instruktionen, mangelhafter Gesprächsaustausch und eine fehlerhafte Koordination sind die Folge. Erschwert wird dieser Tatbestand durch eine veraltete Kommunikationstechnik. Hier lohnt der Einsatz modernster Technologien. Diese müssen nicht unbedingt kostspielig sein. Wir arbeiten

---

B bis C   Die Punkte 1 bis 6 werden viel zu ausführlich behandelt; teilweise werden sogar Lösungsvorschläge unterbreitet. Diese sollten jedoch dem «Konzept» vorbehalten sein.

mit mehreren namhaften Firmen zusammen und können Ihnen komplette Angebote vorlegen.

F Punkt 5 Sämtliche Marketingmaßnahmen und Außendienstleistungen der letzten zwei Jahre waren bei uns auf dem Prüfstand. Wir haben neue Konzepte erarbeitet, die Ihnen helfen, durch zeitnahe und medienwirksame Strategien erfolgreich und kostengünstig zu operieren.

G Punkt 6 Viele Außendienstmitarbeiter haben nur unregelmäßig an Schulungen und Seminaren teilgenommen. Zudem fehlten bisher die entsprechenden Weiterbildungsprogramme. In Verbindung mit renommierten Fachinstituten können wir Ihnen praxisnahe Seminare mit namhaften Referenten anbieten.

Unsere Konzepte umfassen detaillierte Informationen und Instruktionen, die sofort umgesetzt werden können.

Kosten: 14 445,00 Euro zuzüglich der gültigen Mehrwertsteuer. Ihre Anzahlung in Höhe von 3500,00 Euro werden wir in Abzug bringen.

Bitte kontaktieren Sie Frau Peters. Sie wird Ihnen nach Rücksprache das Konzept übersenden.

Für weitergehende Fragen stehen Ihnen meine Mitarbeiter gerne zur Verfügung.

Mit freundlichen Grüßen

Dipl. Betriebswirt Frank Lippert

D bis G Die Punkte 1 bis 6 werden viel zu ausführlich behandelt; teilweise werden sogar Lösungsvorschläge unterbreitet. Diese sollten jedoch dem «Konzept» vorbehalten sein.

| III. Berichte, Protokolle ... | Konzept einer Unternehmensberatung

Unternehmensberatung
Leis & Lippert
Grüneburgallee 107
20345 Hamburg

Amras AG
Dr. Walter Zanger
Kantstr. 14
10004 Berlin

Frank Lippert
Telefon:
Fax:

Hamburg, den 5. Dezember ...

Betr.: – Umstrukturierung des Außendienstes –

Sehr geehrter Herr Dr. Zanger,

nachdem Sie einige Umstrukturierungen in Ihrem Unternehmen vorgenommen haben, stellen sich jetzt neue Fragen. Bei unserem letzten Gespräch sprachen wir über Kosten senkende Maßnahmen, die es Ihnen ermöglichen, Betreuung, Einsatz und Produktivität des Außendienstes zu optimieren. Wir haben nun das passende Konzept dazu entwickelt.

Punkt 1   Konzentrierte Aktionen der Außendienste «Nord» und «Mitte».

Punkt 2   Überschneidungen unter den Bezirken H17 und H18 können durch Außendienstmitarbeiter des Bezirkes G16 vermieden werden.

Punkt 3   Optimale Betreuung des Filialnetzes durch flexible Terminabsprachen.

Punkt 4   Dichtere Vernetzung der Kommunikation zwischen der Zentrale und den Außenstellen.

Punkt 5   Einsparungspotenzial bei Marketingmaßnahmen durch strategische und innovative Konzepte.

Punkt 6   Neuausrichtung des Schulungs- und Seminarangebotes.

| III. Berichte, Protokolle ... | **Konzept einer Unternehmensberatung**

Das umfangreiche Konzept sendet Ihnen Frau Peters gerne zu.

Kosten: 14 450,00 Euro zuzüglich gültiger Mehrwertsteuer.

Ihre Vorauszahlung in Höhe von 3500,00 Euro bringen wir in Abzug.

Für weitergehende Fragen stehen Ihnen meine Mitarbeiter gerne zur Verfügung.

Mit freundlichen Grüßen

Dipl. Betriebswirt Frank Lippert

| IV. Abkürzungsstrategien ...

Vergessen Sie nie, die One-Page-Brille aufzusetzen!

Jetzt werden Sie wohl fragen, was eine One-Page-Brille ist. Die Antwort ist einfach: Wer sich das One-Page-Schema vor Augen führt, der wird künftig nur noch eine Seite, höchstens jedoch zwei Seiten benötigen statt zwei, drei oder gar vier Seiten zu schreiben.

Machen Sie eine Probe, indem Sie zunächst einen Text (Bericht, Mitteilung oder Presseartikel etc.) lesen und dabei die wichtigsten und informativsten Stellen markieren. Am besten benutzen Sie einen Farbstift dazu. Danach verbinden Sie diese Textstellen miteinander (mit durchgezogenen Linien), anschließend lesen Sie einfach nur jene Stellen, die Sie markiert haben. Sofort stellen Sie fest, was an der Mitteilung wichtig ist, was weggelassen oder ausgespart werden kann.

Der optische Eindruck macht deutlich, dass nur wenige Informationen ausreichen, um einen Sachverhalt zu schildern. Übung macht den Meister. Deshalb sollten Sie diese kleinen Übungen wiederholen. Sie schärfen damit Ihren Blick für das Wesentliche und werden bald glücklicher Träger der One-Page-Brille sein.

Mit dieser Betrachtungsweise, die wir vereinfacht das One-Page-Schema nennen, werden Sie wichtige von unwichtigen Texten und Daten besser erfassen können und einen eigenen, kürzeren Briefstil entwickeln.

Der neue Briefstil ist immer auch mit der neuen Sichtweise von Texten verbunden. So kurz wie möglich auf den Punkt zu kommen, Nebensächliches zu vermeiden, das ist das Ziel. Lesen Sie immer mit der One-Page-Brille, also in der verkürzten Fassung.

Trainieren Sie sich diese «Sichtweise» an. «Sichten» Sie wichtige von unwichtigen Stellen – schreiben Sie wie ein One-Page-Manager. Sie werden «sehen», wie viel überflüssiges Textmaterial bisher in allen Dokumenten, Briefen, Mitteilungen und Berichten vorhanden war.

| IV. Abkürzungsstrategien ...

Keine Wortakrobatik!

Turnen ist gesund, aber übertreiben Sie nicht den Spaß, wenn es um Ihre eigenen Texte geht. Vermeiden Sie Wort- und Satzakrobatik.
Fassen Sie sich kurz und schlüssig. Bauen Sie keine Schachtelsätze in Ihre Ausführungen ein. Und setzen Sie immer die One-Page-Brille auf!
Hier ein paar abschreckende Beispiele feinster Textakrobatik.

Thema: Eigenverantwortung

> Kunden sind nur dann langfristig vom Unternehmen begeistert, wenn die Mitarbeiter des Unternehmens ebenfalls begeistert sind und sie die Arbeit gerne machen, vorausgesetzt, sie können eigenverantwortlich handeln und Entscheidungen alleine treffen.

Unser Textvorschlag:

> Nur begeisterte Mitarbeiter können Kunden begeistern und ans Unternehmen binden. Vorausgesetzt, sie können eigenverantwortlich handeln.

Gehts noch prägnanter? Ihr Textvorschlag:

_____

_____

_____

_____

Probieren Sie es! Und jetzt gehts auf den folgenden Seiten an einige Übungen!

| **IV. Abkürzungsstrategien ...**

Thema: Unterschriftsbefugnisse

Bei einem Vertrag sollten die Parteien auf der betreffenden Urkunde unterschreiben, und bei mehreren gleich lautenden Urkunden genügt es, wenn jede Partei die für die jeweils andere bestimmte Urkunde unterzeichnet. Unser Textvorschlag: Es genügt, wenn bei einem Vertrag die Parteien auf einer Urkunde unterschreiben. Gleich lautende Urkunden desselben Vertrages sollten von der jeweils anderen Partei unterzeichnet werden.

Ihr Textvorschlag:

_____

_____

_____

_____

_____

_____

_____

IV. Abkürzungsstrategien ...

Thema: Outsourcing bei Banken

Viele Banken verfügen zurzeit noch über eigene Strukturen, sie können damit die Betreibung von zahlreichen Forderungen in eigener Regie durchführen, sollten aber aufgrund von Kostensenkungsmaßnahmen und für bestimmte Arbeitsabläufe durchaus ein Outsourcing in Erwägung ziehen.

Ihr Textvorschlag:

_____

_____

_____

_____

_____

_____

_____

| IV. Abkürzungsstrategien ...

Thema: Qualitätssicherung

Unsere Mitarbeiter haben ein sehr hohes Qualitätsbewusstsein, damit verbunden sind Zuverlässigkeit und Fehlerfreiheit, was sich in der Qualitätssicherung auswirkt, denn neben der hohen Produktivität können Lieferbereitschaft und Termintreue stets eingehalten werden.

Ihr Textvorschlag:

| IV. Abkürzungsstrategien ...

Thema: Belobigung des Abteilungsleiters

Sie leiten unsere Abteilung nun schon mehr als 15 Jahre und haben zahlreiche Verbesserungen im Betriebsablauf eingeführt, was sich nicht zuletzt in einer hohen Produktivität und Mitarbeiterzufriedenheit ausdrückt, denn zum wiederholten Male hat Ihre Abteilung den ersten Preis bei unserem Innovationswettbewerb gewonnen.

Ihr Textvorschlag:

_____

_____

_____

_____

_____

_____

| IV. Abkürzungsstrategien ...

Thema: Jubiläumsgruß

Sie, sehr geehrter Herr Mittermeier, haben bewiesen, dass aus Ihrer ausdauernden Arbeitskraft und umsichtigen Geschäftsführung ein für die Zukunft bestens gewappnetes Unternehmen dasteht, von dem auch die Konkurrenz mit Respekt spricht und das heute sein 25-jähriges Bestehen feiern kann.

Ihr Textvorschlag:

IV. Abkürzungsstrategien ...

Thema: Dankschreiben

Danken will ich Ihnen heute nicht nur für den freundlichen Ton, der unsere Geschäftsbeziehungen begleitet, sondern auch für Ihre Lieferbemühungen trotz marktbedingter Schwierigkeiten, die Sie aber mit Bravour gemeistert haben, denn dadurch sind wir in der Lage, den Auftrag doch noch fristgerecht auszuführen.

Ihr Textvorschlag:

IV. Abkürzungsstrategien ...

Thema: Gesprächstermin über Zusammenarbeit

Bezug nehmend auf den gestrigen Anruf Ihrer Sekretärin Frau Holler, baten Sie mich darum, Ihren Besuch in unserer Firma vom 10. Mai auf den 19. oder 28. Mai zu verlegen. Dazu teile ich Ihnen mit, dass über die Zusammenarbeit unserer Firmen so bald wie möglich Gespräche aufgenommen werden sollten und ich deshalb den früheren Termin, also den 19. Mai, vorziehen würde.

Ihr Textvorschlag:

Thema: Kundenbefragung

Eine Kundenbefragung mit anschließender Analyse und praktischer Umsetzung derselben wäre ein guter Anfang um Spar- und Verbesserungspotenziale zu erkennen, denn dadurch erhält der Hersteller wichtige Informationen, die er als Entscheidungsgrundlage braucht, um Produkte attraktiver und kundenfreundlicher zu gestalten.

Ihr Textvorschlag:

IV. Abkürzungsstrategien ...

Thema: Leiharbeit

Der erhöhte Arbeitsaufwand aufgrund der gestiegenen Nachfrage wird derzeit noch mit Überstunden bewältigt, kann aber in Zukunft – wenn der Nachfragetrend weiter anhält – nicht mehr ausreichend abgedeckt werden, so dass als Instrument die Leiharbeit in den Vordergrund rückt.

Ihr Textvorschlag:

_____

_____

_____

_____

_____

_____

_____

_____

| IV. Abkürzungsstrategien ...

Thema: Öffentliche Förderung

Die öffentliche Förderung im Rahmen des Programms «Forschung für die Produkte von morgen», dessen erste Ergebnisse auf dem Innovationssymposium während der Industrietage in Ludwigshafen vorgestellt wurden, stimuliert und bündelt Kräfte in Netzwerken, in denen Hersteller mit Zulieferern und Abnehmern sowie Partner aus der Wissenschaft kooperieren.

Ihr Textvorschlag:

Weiße Flecken vermeiden

«… und hoffen, bald wieder von Ihnen zu hören.» So oder ähnlich kennen wir jene Schlussworte, die noch immer Geschäftsbriefe zieren. Schlimmer noch sieht es mit den «weißen Flecken» aus. Das sind jene Textstellen, die dazu verwendet werden, um Lücken zu schließen. Man nennt sie auch Textfüller. Überflüssige Bemerkungen, Höflichkeitsfloskeln, Allgemeines und Nebensächliches gehören ebenso dazu wie Tratsch und Klatsch. Wie kommt es dazu? Liegt es etwa an der viel zitierten Geschwätzigkeit der Menschen?

Nicht nur. Oft bilden sich unwillkürlich «weiße Flecken» im Text, die dann mit überflüssigem Textmaterial kaschiert werden. Da kann es dann passieren, dass Zusammenhänge gelöst oder verschiedene Themen zugleich angesprochen werden, Nebensächliches zum Hauptsächlichen wird und letzten Endes die Verwirrung groß ist. Vermeiden Sie also solche Fallen.

Verfassen Sie Ihren Brief stringent, klar und deutlich. Zwar können freundliche Worte die Stimmung des Lesers beeinflussen, sie dürfen aber nicht vom eigentlichen Thema (der Intention) des Briefes ablenken. So sind freundliche Worte bei einem Mahnbrief fehl am Platze, dürfen aber bei einem Glückwunschschreiben nicht fehlen. Weiße Flecken und Floskeln entstellen und verlängern einen Text unnötig, sie verhindern eine planvolle Textökonomie.

An den folgenden Übungsbeispielen können Sie jene Stellen herausfinden und es selber besser machen.

| IV. Abkürzungsstrategien ... | **Brief mit «weißen Flecken»**

Michael Walther
Rheinstrasse 3
8200 Schaffhausen

Herrn
Kurt Barthes
Lilienweg 23
9001 St. Gallen

Schaffhausen, den 21. Juli ...

Lieber Herr Barthes,

es hat mich sehr gefreut, von Ihrem neuen Wirkungskreis im Fachbereich Controlling zu hören. Schon vor ein paar Monaten wurde diese Stelle vakant und war dann lange Zeit verwaist. Nun ist es Ihnen aber gelungen, diese Stelle zu besetzen.

Meine besten Glückwünsche anlässlich Ihrer Beförderung zum Fachbereichsleiter. Darauf haben Sie ja immer hingearbeitet.

Oft genug haben Sie abends und an den Wochenenden an Weiterbildungsmaßnahmen teilgenommen. Ihre Freizeit hat dadurch so manche Delle bekommen. Ich weiß noch, wie oft Sie unsere gemeinsamen Radtouren absagen mussten. Ich hatte Verständnis dafür. Doch die Mühe hat sich gelohnt!

Nun können Sie Ihr Fachwissen unter Beweis stellen und haben Freude an Ihrer neuen Aufgabe. Für Ihre weiteren Zukunftspläne wünsche ich Ihnen alles Gute.

Mit freundlichem Gruß

Ihr

Michael Walther

| IV. Abkürzungsstrategien ... | **Brief mit «weißen Flecken»**

Welche «weißen Flecken» gibt es in dem Brief?

Zur Diskussion

> Schon vor ein paar Monaten wurde diese Stelle vakant und war dann lange Zeit verwaist.

Wozu diese Anmerkung? Es könnte ja sein, dass Herr Barthes aufgrund einer Verlegenheitsentscheidung (... lange verwaist) zu der Stelle gekommen ist. Der Gedanke, mit der Stelle sei etwas nicht in Ordnung, schleicht sich ja unwillkürlich ein.

> Nun ist es Ihnen aber gelungen, die Stelle zu besetzen.

Klingt nicht gerade freundlich. Will der Autor damit vielleicht andeuten, Herr Barthes hätte sich nach dieser Stelle gedrängt? Eine reine Spekulation. Jedenfalls klingt der Satz zweideutig und sollte lieber unterlassen werden.

> Ihre Freizeit hat dadurch so manche Delle bekommen.

> Ich weiß noch, wie oft Sie unsere gemeinsamen Radtouren absagen mussten. Ich hatte immer Verständnis dafür.

Dieser scheinbar belanglose Hinweis passt nicht so recht zu den Gratulationswünschen. Verbirgt sich etwa ein kleiner Vorwurf dahinter?

Im Folgenden ein Gratulationsbrief ohne «weiße Flecken»:

| IV. Abkürzungsstrategien … | **Brief ohne «weiße Flecken»**

Michael Walther
Rheinstrasse 3
8200 Schaffhausen

Herrn
Kurt Barthes
Lilienweg 23
9001 St. Gallen

Schaffhausen, den 21. Juli …

Lieber Herr Barthes,

es hat mich sehr gefreut, von Ihrer Beförderung zum Fachbereichsleiter «Controlling» zu hören. Darauf haben Sie ja immer hingearbeitet – und vieles dafür getan!

Ich bin davon überzeugt, dass Sie in diese neue Aufgabe Ihr ganzes Können und Wissen einbringen werden.

Für die Zukunft wünsche ich Ihnen alles Gute!

Freundliche Grüße aus Schaffhausen

Ihr

Michael Walther

| IV. Abkürzungsstrategien ... | **Brief mit Floskeln**

Rolux Beratungsservice
Helga Richter
Mittelweg 5
8001 Zürich
Telefon:
Fax:

Frau
Elisabeth Schubert
Bodenseeweg 17
88345 Radolfszell

Zürich, den 10. März ...

Betr.: Neue Preise – Erweiterter Service

Sehr geehrte Frau Schubert,

Qualität hat ihren Preis, darüber sind sich alle einig. So komme auch ich nicht umhin, die Preise für meinen Beratungsservice anzuheben. Leicht ist es mir nicht gefallen, doch wenn in Zukunft die Leistung stimmen soll, ist dieser Schritt unumgänglich.

Gleichzeitig werde ich die Service-Leistungen verbessern und für eine schnellere Ausarbeitung der Unterlagen sorgen. Konkret heißt dies: Sollten die gewünschten Beratungsunterlagen/Konzepte nicht innerhalb von 14 Tagen bei Ihnen sein, erhalten Sie einen Nachlass von 15 Prozent. Sie sehen, wir tun etwas für unsere Kunden.

Und noch etwas: Wir sind jetzt unter einer Sammel-Nummer ganztägig erreichbar. Sie können uns von Montag bis Freitag in der Zeit von 10.00 Uhr bis 17.00 Uhr erreichen: Tel ... Auf Wunsch rufen wir Sie auch gerne zurück! Wir hoffen auf Ihr Verständnis und eine weiterhin gute Zusammenarbeit.

Mit freundlichen Grüßen

Helga Richter

IV. Abkürzungsstrategien … | Brief mit Floskeln

Welche Floskeln enthält der Brief?

Zur Diskussion:

> … darüber sind sich alle einig

Eine allgemeine Aussage bzw. Annahme, die weder bewiesen noch widerlegt werden kann.

> Leicht ist es mir nicht gefallen …

Wem fällt es schon leicht, die Preise zu erhöhen. Ob etwas unumgänglich ist, darüber kann man streiten. Preiserhöhungen sind immer fragwürdig, und selten wird dem Kunden reiner Wein eingeschenkt.

> Sie sehen, wir tun etwas für unsere Kunden.

Ein floskelhafter Satz, der wenig oder gar keine Substanz enthält. Alle Unternehmen tun etwas für ihre Kunden, denn sonst würden sie wohl kaum überleben. Es geht doch schließlich darum, «mehr» zu tun als die anderen. Und da ist dieser Satz nicht gerade orginell.

> Wir hoffen auf Ihr Verständnis und eine weiterhin gute Zusammenarbeit.

Wie oft haben wir diesen Satz schon gehört! Doch mit der Hoffnung allein ist es nicht getan. Es müssen handfeste Gründe sein, die dem Kunden eine Preiserhöhung plausibel machen. Noch deutlicher sollte auf die verbesserten Service-Leistungen hingewiesen werden.

| IV. Abkürzungsstrategien ... | **Brief ohne Floskeln**

Rolux Beratungsservice
Helga Richter
Mittelweg 5
8001 Zürich
Telefon:
Fax:

Frau
Elisabeth Schubert
Bodenseeweg 17
88345 Radolfszell

Zürich, den 10. März ...

Betr.: Neue Preise – Erweiterter Service

Sehr geehrte Frau Schubert,

Qualität hat ihren Preis. So komme auch ich nicht umhin, die Preise für meinen Beratungsservice anzuheben. Gleichzeitig werde ich die Service-Leistungen verbessern und künftig für eine schnellere Zustellung der Unterlagen/ Konzepte sorgen. Sollte dies einmal nicht der Fall sein (länger als 14 Tage), erhalten Sie einen Nachlass von 15 Prozent.

Neu ist auch unsere Sammel-Nummer, unter der Sie uns von Montag bis Freitag von 10.00 Uhr bis 17.00 Uhr erreichen können:

Tel.: ...

Damit sind wir jetzt ganztägig erreichbar. Gerne rufen wir Sie auch zurück!

Ich freue mich auf unsere Zusammenarbeit, die ich Ihnen jetzt mit verbessertem Service anbieten kann.

Freundliche Grüße aus Zürich

Helga Richter

V. Zu guter Letzt

Diese Regeln können hilfreich sein, um sich an den neuen Schreibstil des One-Page-Managers zu gewöhnen:

Schreiben Sie kurz und schlüssig.

Schreiben Sie prägnant und ohne Umschweife.

Kommen Sie schnell auf den Punkt.

Vermeiden Sie Schachtelsätze.

Formulieren Sie klar und anschaulich.

Verhindern Sie «weiße Flecken» im Text.

Betreiben Sie eine planvolle Textökonomie.

Schreiben Sie nach der Devise: Weniger ist mehr!

Setzen Sie immer die One-Page-Brille auf.

Schreiben Sie nur noch eine Seite. Eine zweite Seite sollte, wie auch hier, nur die Ausnahme sein!

Weitere Titel aus dem Orell Füssli Verlag

Jens Tomas

Mein Chef macht, was ich will
Klug handeln, Vertrauen gewinnen, Ziele erreichen

Wir kennen sie alle, die Geschichten vom Chef, dem man nichts recht machen kann. Wie geht man damit um? Jens Tomas zeigt in seinem Buch die besten Strategien auf, dank derer ein geplagter Angestellter ein selbstbewusster und respektierter Mitarbeiter werden kann.

Eine gute Beziehung zum Chef garantiert jedem Mitarbeiter erleichterte Arbeitsbedingungen. Wichtige Projektfragen werden schneller beantwortet, neue Ideen begrüßt und Budgets freigegeben. Eigeninitiative und Positionierung innerhalb der Abteilung sind der erste Schritt in diese Richtung. Der Leser erfährt, wie er über aktives Zuhören, Emotionsmanagement und manipulative Kommunikation den Spruch «Mein Chef macht, was ich will» verwirklichen kann.

208 Seiten, gebunden, ISBN 3-280-05169-X, EAN 978-3-280-05169-6

orell füssli Verlag

Ralf Höller

50 Mal Rhetorik
Stressfrei reden in wichtigen Standardsituationen

Wer kennt das nicht: Man wurde von einer sich spontan ergebenden Situation überrascht, und die gute Antwort fällt einem erst auf dem Weg nach Hause ein. Für solche Fälle bietet Ralf Höller Lösungen in 50 heiklen Rede- und Debattensituationen, die uns im beruflichen und privaten Alltag immer wieder begegnen. Sein amüsant zu lesender Ratgeber bietet keine theoretischen Erwägungen, vielmehr steht der praktische Nutzen im Vordergrund.

Wer gezielt nach Lösungen für sein Redeproblem sucht, wird dank dem übersichtlichen Aufbau des Buches sofort fündig – und weiß bald, wie er sich das nächste Mal in einer ähnlichen Situation verhalten soll. Eine echte Fundgrube für Redefüchse und solche, die es werden wollen!

190 Seiten, gebunden, ISBN 3-280-05163-0, EAN 978-3-280-05163-4

orell füssli Verlag

Marion Lemper-Pychlau

Führen mit natürlicher Autorität

Was macht gute Führungsarbeit aus? In vielen Unternehmen ist Führung nur ein Synonym für Drohung und Kontrolle. Die Psychologin und Gesprächstherapeutin Marion Lemper-Pychlau kennt die Alternative: Charisma und natürliche Autorität.

Die dazu nötigen emotionalen und sachlichen Teilfertigkeiten erklärt sie anhand von Beispielen und gibt eine konkrete Anleitung zur Erlangung von natürlicher Autorität. Ein Handbuch für alle, die in leitenden Positionen arbeiten und Personal schulen.

196 Seiten, gebunden, ISBN 3-280-05138-X, EAN 978-3-280-05138-2

orell füssli Verlag